Auf Schritt und Tritt mit Commissario Brunetti

Titelbild:
Die Terrasse des Ristorante Linea d`Ombra mit Blick auf die Uferlinie der Giudecca
Umschlagrückseite:
Picknick auf Venezianisch am Redentore-Fest (3. Sonntag im Juli)

Im Textteil wird hinter den Zwischenüberschriften in Klammern das Planquadrat angegeben, in dem sich der jeweilige Schauplatz befindet. Die Planquadrate sind auf dem separat beiliegenden Stadtplan zu finden.

Grundlage für die Karten sind die Daten von Openstreetmap.org. Die Schauplätze wie auch die Anpassung der Karten wurden nach bestem Wissen und Gewissen vor Ort recherchiert. Eine Haftung für eventuelle Fehler kann nicht übernommen werden.

Sofern nicht anders angegeben, stammen die Fotos von Elisabeth Hoffmann und Karl-Ludwig Heinrich.

Zu diesem Buch gehört ein separater Stadtplan. Sollte er beim Erwerb nicht mehr vorhanden sein, fragen Sie bitte bei Ihrem Buchhändler nach.

Druck und Bindung: CPI - Clausen & Bosse, Leck
Bildnachweis: Fotos Elisabeth Hoffmann und Karl-L. Heinrich
Grundlage für die Karten sind die Daten von Openstreetmap.org:

ISBN: 978-3-86026-202-3

Elisabeth Hoffmann & Karl-L. Heinrich

Auf Schritt und Tritt mit Commissario Brunetti

Gastronomisch-kriminelle Touren durch die Lagunenstadt Venedig

Harms Verlag

„Es ist eine gute Stadt zum Spazierengehen.
Wahrscheinlich die beste, die es gibt.
Ich bin niemals hier umhergegangen,
ohne dass es mir Vergnügen gemacht hätte."

Ernest Hemingway über Venedig aus seinem Roman „Über den Fluß und die Wälder"

Liebe Brunetti- und Venedig-Freunde,

frei nach dem Motto von Ernest Hemingway haben wir sieben Touren zusammengestellt, die Sie zu Fuß und per Boot durch die Serenissima begleiten.

Unseren Schwerpunkt haben wir dabei auf die gastronomischen Örtlichkeiten von Donna Leons Brunetti-Romanen und deren Verfilmungen gelegt. Speisen Sie idyllisch wie die Familie Brunetti an einem Rio in Cannaregio, trinken Sie einen Ombra auf den Commissario in seiner Lieblingsbar in Rialto oder besuchen Sie die urigen einheimischen Trattorien.

Natürlich kommen auch die anderen Schauplätze nicht zu kurz und Sie werden dem Commissario, wie im Titel des Buches versprochen, „auf Schritt und Tritt" bei seiner Arbeit begegnen.

In den Tourbeschreibungen wie auch in den Rubriken „Auf dem Weg" und „Venezianisch für Spurensucher" haben wir allerhand Informationen über Sehenswürdiges, Wissenswertes und Kurioses eingestreut, die nicht nur für Brunettifans von Interesse sein mögen.

In diesem Sinne wünschen wir viel Vergnügen und einen guten Appetit

Elisabeth Hoffmann und Karl-Ludwig Heinrich

Inhalt

Auf dem Weg

Hinweise zum Gebrauch des Buches

Jeder Tour ist ein kurzer Informationsblock vorangestellt.

- Die Uhr gibt die ungefähr benötigte Zeit ohne Einkehr an.
- Die laufende Figur gibt den Startpunkt der Tour und den nächstgelegenen Bootsanleger des ACTV an.
- Die sich am Café-Tisch erholende Figur gibt den Endpunkt der Tour und den nächstgelegenen Bootsanleger des ACTV an.

Einen Linienplan des ACTV finden Sie auf Seite 236.

Bei allen Schauplatzverweisen ist ein Kürzel angeben, dessen Aufbau am Beispiel des ersten Schauplatzes „**Stazione S. Lucia** 🕮 🎬 **CN01 (A2)**“ veranschaulicht werden soll:

Stazione S. Lucia	**Fett** gedruckt sind in den Tourenbeschreibungen alle Schauplätze mit dazugehörigem Kürzel.
🕮 🎬	Das aufgeschlagene Buch verweist auf einen Schauplatz aus den Romanen. Die Filmklappe verweist auf einen Schauplatz aus den Romanverfilmungen.
CN	Das nachfolgende Kürzel dient als Referenz für die Position auf den Karten. Dabei kennzeichnen die beiden ersten Buchstaben die Tour, in der der Schauplatz erwähnt wird. CN steht für die Tour durch Cannaregio. CS steht für die Tour durch Castello. SM steht für die Tour durch San Marco. DO steht für die Tour durch Dorsoduro. SC steht für die Tour durch Santa Croce. SP steht für die Tour durch San Polo. CG steht für die Tour entlang des Canal Grande.
01	Innerhalb jeder Tour sind die Schauplätze fortlaufend durchnummeriert.
(A2)	In Klammern ist schließlich das Planquadrat angegeben, in dem der jeweilige Schauplatz auf dem Stadtplan zu finden ist.

Damit Einheimische wie Touristen die venezianische Gastronomie genießen können, ist einiges an Logistik im Hintergrund erforderlich.

Geographische Begriffe sind in den Tourenbeschreibungen häufig *kursiv* hervorgehoben, um beim Lesen die Orientierung zu erleichtern.

Die **bibliographische Zuordnung** der erwähnten Schauplätze ist am Ende des Buches nach den Touren geordnet unter Angabe der Schauplatznummer aufgelistet. Immer wiederkehrende Schauplätze wie die Questura oder Brunettis Dachterrasse sind dort mit dem Stichwort „Allgemein“ versehen.

In der Liste der **gastronomischen Schauplätze** ab Seite 208 sind alle in den einzelnen Touren erwähnten gastronomischen Örtlichkeiten mit zusätzlichen Informationen aufgeführt.

Spaghetti mit Meeresfrüchten im Tintoretto (s. S. 36)

Cichetti im Naranzaria (s. S. 200)

Venezianische Ortsbezeichnungen

Die Namen der Gassen, Plätze und Kanäle werden auf den Straßenschildern und in den diversen Stadtplänen oft unterschiedlich geschrieben, mal auf Hochitalienisch, mal auf Venezianisch. Wir haben zur Erleichterung Ihrer Orientierung in der Regel die Schreibweise auf den Beschilderungen vor Ort übernommen.

PARROCCHIA
DE S. ALVISE

italienisch

venezianisch

PARROCCHIA
S. CASSAN

ursprünglich italienisch, dann ins Venezianische korrigiert

Calle: Gasse

Campo: Platz. Ganz im Gegensatz zu den Calli haben die Campi in ganz Venedig eindeutige Namen (eine Calle del Tragheto gibt es z. B. fünfzehnmal!).

Campiel(l)o, Campez(z)o: Kleiner Platz

Canale: Breite Wasserstraße. Innerhalb Venedigs gibt es neben dem Canal Grande nur wenige Canali. Die meisten Wasserstraßen in Venedig werden *Rio* genannt.

Corte, Cortile: Hof, kleiner Hof

Fondamenta: Uferweg, Kai

Piazza: Nur der einzigartigen Piazza S. Marco, dem Markusplatz, gebührt diese Bezeichnung.

Piazzale: Vorfeld. Der einzige Platz dieser Kategorie ist der Verkehrsknotenpunkt Piazzale Roma.

Piazzetta: Die beiden Nebenplätze der Piazza S. Marco sind die einzigen „Plätzchen“ der Stadt.

Piscina, Paludo: Zugeschüttetes, ehemaliges Sumpfgebiet

Ponte: Brücke

Ramo: Hof

Rio: (Schmaler) Kanal

Rio Terà: Zugeschütteter ehemaliger Rio, der nun als Gasse dient

Riva: Größere Uferpromenade

Ruga: Einkaufsstraße

Salizada: Historisch schon sehr früh gepflasterter, entsprechend wichtiger Weg

Sacca: Entweder eine künstlich aufgeschüttete Insel (z. B. Sacca Fisola) oder eine künstlich geschaffene Bucht (z. B. Sacca de la Misericordia)

Sestiere: Die sechs Stadtteile Venedigs heißen wörtlich „Sechstel“

Sotoportego: Überdachter Durchgang

Strada: Straße; die Strada Nova ist die einzige Strada in Venedig.

Via: Weg. Auch *Via* gibt es nur eine, die großzügig angelegte Via Garibaldi.

Zattere: (wörtlich „Flöße“) Breite Uferpromenade, wie *Riva*

In Sachen Kulinarik

Dieses Buch versteht sich nicht als Gastronomieführer; kulinarische Empfehlungen können und wollen wir nicht aussprechen. Wir bringen Sie lediglich zu den vom Commissario, seiner Familie und den Kollegen frequentierten Lokalitäten, wobei Sie die gesamte Bandbreite venezianischer Gastronomie, von der einfachen Bar bis zum noblen Ristorante und vom reinen Touristenlokal bis zur urigen Einheimischen-Trattoria kennenlernen.

Auf die Angabe von Öffnungszeiten haben wir verzichtet, da sie saisonal stark schwanken und kurzfristig an den aktuellen Bedarf oder die Wetterbedingungen angepasst werden.

Sofern nicht anders vermerkt, bieten die Lokale klassische venezianisch-italienische Küche an. Ein typisch venezianisches Gericht ist zum Beispiel Sepie nere mit Polenta (schwarzer Tintenfisch mit Maisbrei) oder Spaghetti alle Sepie nere. Gerne wird auch Fegato (Leber), Moeche (junge Lagunenkrebse mit

Typisch venezianische Gerichte: Spaghetti alle Sepie Nere und Sepie Nere con Polenta

weichem, essbaren Außenskelett) oder die berühmten Sarde in Saor (in saurem Zwiebelsud eingelegte Sardinen) serviert.

In den Bars und Cafés erhält man überall die typischen Snacks oder verschiedene süße Törtchen.

Venezianische Snacks

... gibt es in unüberschaubarer Vielfalt und lassen sich im Wesentlichen in zwei Kategorien unterteilen.

Die **Cichetti** (sprich Tschickétti) sind Tapas auf venezianisch. Dazu gehören etwa eingelegtes Gemüse, frittiertes Gemüse, gestampfter Fisch, Garnelen-, Bohnen- oder Kartoffelsalat.

Zu den Brot-basierten Zwischenmahlzeiten zählen die mit Garnelen, Krebsfleisch, Thunfisch, Schinken, Salami, Brie, Gorgonzola, Mozzarella, Eier, Tomaten, Artischocken, Oliven, Zwiebeln und manch anderem belegten:

Panini: Weiche, oft getoastete Brötchen

Tramezzini: Dreieckige Weißbrotscheiben ohne Rand

Foccacie: Flache, meist halbkreisförmige Brotfladen

Piadine: Meist zusammengerollte flache Fladen aus Pizzateig

Crostini: Baguette-Scheiben

Toast

Wer sich und dem Kellner langatmige Aufzählungen ersparen will, geht besser direkt zur Vitrine und bestellt nach eingehender Betrachtung und Beratung am Tresen.

In den meisten Speiselokalen – egal, ob vornehmes Ristorante oder einfache Pizzeria – ist es üblich, einen festen Betrag für das Gedeck (**Coperto**) zu bezahlen, das auch das Brotkörbchen beinhaltet. Das Coperto liegt meist bei zwei bis drei Euro, kann aber bei Life-Musik-Begleitung und in den wirklich vornehmen Restaurants wie zum Beispiel dem des Hotels Gritti auch mal 28 Euro ausmachen. Pro Person versteht sich!

Ein weiterer Weg, die Rechnung diskret zu steigern, ist die Service-Gebühr (**Servizio**). Üblich sind zehn bis zwölf Prozent, die auf die Gesamtrechnung geschlagen werden.

Sofern ein Betrieb Coperto oder Servizio in Rechnung stellt, muss er das auf der Speisekarte ausweisen.

Einige Lokale, gerade in den Touristen-Hauptgegenden nahe Piazza S. Marco, Rialtobrücke und Bahnhof, werben mit dem Hinweis „No coperto, no servizio" dafür, dass sie besonders günstig seien. Hier empfiehlt es sich, das Augenmerk auf die Getränkepreise zu richten, die in solchen vermeintlich preiswerten Restaurants unangemessen hoch sein können. Besondere Vorsicht ist geboten, wenn die Getränke gar nicht ausgewiesen sind.

Der „Spritz", DAS venezianische Getränk zur Einstimmung in den Feierabend schlechthin, ist im Verhältnis zu anderen Longdrinks und Cocktails ein preiswerter Genuss.

BAR TORINO S.A.S.
di Jacovitz Simonetta & C.
S. MARCO 4591 30124 VENEZIA (VE)
P.I.04182300279
Tel. 041 5223914

		EURO
BAG. PORCH,CARC		5,50
BAG. CRUDO		5,50
2x	4,00	
CAFFELATTE		8,00
CIOCCOLATA		4,00
PROSECCO BICCH.		4,00
BISCOTTO CUKY		4,50
TOTALE EURO		31,50
CONTANTI		31,50
RESTO		0,00

02-01-15 11:30 SF. 1
/F E0 99030269

N. TAVOLO : 100 Prot.: 000045

ARRIVEDERCI e GRAZIE

Die Rechnung, beziehungsweise den Kassenzettel sollten Sie nicht am Tisch liegen lassen, sondern mitnehmen. Die Gefahr, dass die Finanzpolizei (Guardia di Finanza) Sie und anschließend die Registrierkasse des Wirts überprüfen wird, ist zwar eher theoretisch, aber nur 50 Meter entfernt von Ausgang haben Sie der gesetzlichen Pflicht Genüge getan und dürfen den Beleg wegwerfen.

Nicht nur Touristen genießen Nicos Sonnenterrasse (s. S.136)

Venedig im Netz

Alle Internet-Adressen in diesem Buch sind zusätzlich als QR-Code dargestellt. Die schwarz-weiß gewürfelten Bildchen ersparen den Besitzern von Smartphones mittels geeigneter App zur Erkennung des QR-Codes das Abtippen der Adresse.

Das offizielle Internet-Portal für Venedig-Besucher www.veneziaunica.it bietet in deutscher und englischer Sprache einen guten Überblick bezüglich touristischer Belange wie zum Beispiel den öffentlichen Nahverkehr, öffentliche Toiletten, geführte Touren, WLAN-Zugangspunkte und selbstverständlich Informationen zu Kirchen, Museen und anderen Sehenswürdigkeiten. Auch Eintritts- und Fahrkarten sind hier online erhältlich.

Mobilität

Wasserbusse (Vaporetti)

Die Linien und Tarife des städtischen Verkehrsnetzes (ACTV) sind überschaubar und die Benutzung ist unkompliziert. Die Fahrt mit dem **Vaporetto** eröffnet neue Perspektiven und macht Spaß, außer zu den Hauptverkehrszeiten, an denen vor allem die Boote der Canal-Grande-Linie 1 aus allen Nähten platzen. Bitte beachten Sie, dass bei Hochwasser und starkem Nebel manche Linien nur eingeschränkt verkehren.

Fahrkarten erhalten Sie an den meisten Vaporetto-Anlegestellen am Automaten. An größeren Stationen (Tronchetto, Piazzale Roma, Ferrovia, Fondamente Nove, S. Marco, S. Zaccaria, Lido,

Murano Colonna, Murano Faro, Burano) werden zusätzlich Personenschalter unterhalten. Solange der Vorrat reicht, gibt es an den Schaltern auch einen Linienplan.

Darüber hinaus können Sie direkt auf dem Vaporetto ein Ticket kaufen, was nicht als Schwarzfahren gewertet wird, wenn Sie sich gleich nach dem Einsteigen beim Personal melden.

Die **Einzelfahrkarte** ist in allen Verkehrsmitteln des ACTV für eine einfache Fahrt, auch mit Umsteigen, von **75 Minuten Dauer** gültig. Wenn Sie länger mobil sein wollen, bietet sich das **24-, 48-, 72-Stunden-** oder das **7-Tage-Ticket** an. Die Tarife, Linien und Fahrtzeiten wechseln des Öfteren. Bei Drucklegung dieses Buches kostete die Einzelfahrkarte 7,50 Euro, das 24-Stunden-Ticket 20 Euro, das 48-Stunden-Ticket 30 Euro, das 72-Stunden-Ticket 40 Euro und das 7-Tage-Ticket 60 Euro. Aktuelle Informationen zu den Linien und Tarifen finden Sie unter www.actv.it.

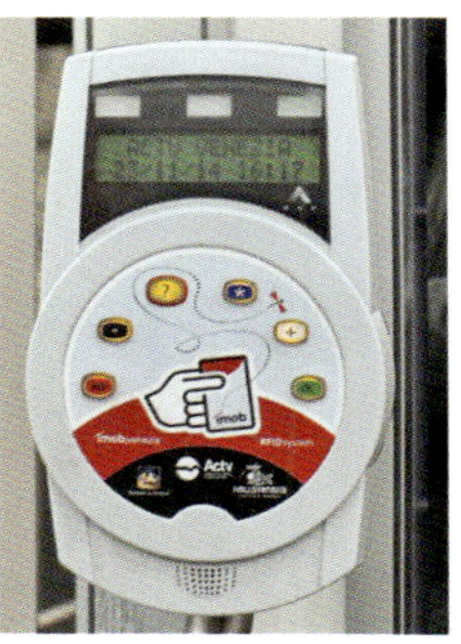

Die Tickets sind vor Fahrtantritt durch einfaches Hinhalten an die Stempeluhr zu entwerten und können bei Bedarf auf Vorrat erworben werden.

Für Vielbesucher bietet sich die **Carta Venezia** („Carta Imob") an, die einmalig 50 Euro kostet und fünf Jahre gültig ist. Die Karte gewährt beträchtliche Nachlässe. So sinken zum Beispiel die Kosten für eine Fahrt im Vaporetto von 7,50 Euro auf 1,50 Euro. Das Aufladen einer größeren Menge an Fahrten wird mit weiteren Rabatten belohnt. Im Tragheto (s. S. 17) zahlen Sie statt 2 Euro nur noch 70 Cent.

Sie erhalten die Carta Venezia am ACTV-Hauptschalter auf der Piazzale Roma, wo Sie ein Formular ausfüllen müssen. Nähere Informationen im Internet finden Sie in englischer Sprache unter www.actv.it/en/movinginvenice/prices#C4.

MSC ORCHESTRA
Zattere
Zattere

Gondelfähren (Tragheti)

An derzeit noch fünf Stellen sind Gondeln als kleine Fährverbindungen über den Canal Grande verblieben. Die kurze, aber reizvolle Überfahrt zum gegenüberliegenden Ufer findet auf Transport-Gondeln, den Tragheti, statt. Den Fahrpreis in Höhe von 2 Euro, beziehungsweise 70 Cent für Besitzer der Carta Venezia drückt man dem Gondoliere am besten passend in die Hand.

Die Tragheti verkehren werktags tagsüber, manche nur bis zum frühen Nachmittag. Häufig entfallen sie auch ganz, aus Gründen, die nur dem Gondoliere bekannt sind.

Gondeln

Für die einen ein verkitschtes No-Go, für die anderen ein absolutes Muss. Sollten Sie sich für eine romantische Gondeltour durch Venedigs Wasserstraßen entscheiden, empfehlen wir Ihnen, an weniger frequentierten Gondelstandplätzen zu starten, da Sie sonst womöglich die 30 gebuchten Minuten im Gondelstau stehen.

Die Preise hängen an den Anlegern aus und betrugen zur Drucklegung des Buches 80 Euro für 30 Minuten pro Gondel (nicht pro Person!), die bis zu sechs Personen fasst. Wer in der Nacht oder gar mit Musikbegleitung gondeln will, muss noch tiefer in die Tasche greifen. Außerhalb der Saison, bei schlechtem Wetter oder guter Laune des Gondolieres (oder der einzigen weiblichen Gondoliera) kann man sich schon für 60 oder 70 Euro durchs Wasser staken lassen.

Gondelstau in San Marco

Öffentliche Toiletten

Die öffentlichen Toiletten – je nach Saison circa zehn in Venedig, sowie eine auf Murano und eine auf Burano – sind im Stadtplan mit blauem WC gekennzeichnet. Üblicherweise sind sie von 9 bis 19 Uhr geöffnet, spontane Abweichungen davon haben wir des Öfteren beobachtet. Für die einmalige Benutzung muss man/frau stolze 1,50 Euro berappen. Kleine Aufkleber auf dem Boden im näheren Umkreis weisen den Weg zur ersehnten Erleichterung. Es bleibt Ihnen unbenommen, in der nächstbesten Bar zu einem ähnlichen Preis einen Espresso am Tresen zu bestellen und dort die Toilette zu benutzen.

Pinkeln verboten!

Läuft man mit offenen Augen durch die Stadt, entdeckt man vor allem in mehr oder weniger finsteren Gassenecken oder an schützenswerten Gebäuden merkwürdige, auf Schenkelhöhe angebrachte, sich sanft senkende Steinplatten oder steinerne Mauervorwölbungen. Diese Antipissoire hindern die Herren der Schöpfung daran, ihr kleines Geschäft ebenda zu verrichten.

Tour 1: Cannaregio

🕒 3 Stunden

🏃 Bahnhof S. Lucia, Anleger Ferrovia (A2)

🪑 Campo SS. Giovanni e Paolo, Nähe Anleger Ospedale (D2/3)

In Cannaregio, dem zur nördlichen Lagune ausgerichteten Wohnviertel, spazieren wir auf langen, malerischen Uferwegen, besichtigen das erste jüdische Ghetto, passieren die Kirche der ältesten lutherischen Gemeinde Italiens und erleben die Betriebsamkeit der einzigen Strada Venedigs, der Strada Nova.

Unser erster Spaziergang beginnt am modernen Flachbau der **Stazione S. Lucia** 📖 🎬 **CN01 (A2)**, den Commissario Brunetti einst zu einem der drei hässlichsten Bauwerke Venedigs ernannt hatte. In den Romanen und deren Verfilmungen ist der Bahnhof stummer Zeuge vieler menschlicher Tragödien, die von durchzechten Nächten, Flucht, Verzweiflung und sogar Mord erzählen, aber auch vom Aufbruch in neue Welten und ein besseres Leben. Frisch mit dem Zug angereist, entschädigt gleich der erste Blick von der Bahnhofstreppe auf die atemberaubende Szenerie des *Canal Grande* für die vermeintliche Architektursünde.

Die *Stazione* im Rücken gehen wir links seitlich des *Canal Grande*, vor uns liegt die *Ponte Scalzi*, eine der mittlerweile vier Brücken, die über den Großen Kanal führen. An der Brücke vorbei streben auf dem quirligen, von Hotels, Restaurants und bunten Auslagen gesäumten *Rio Terà Lista di Spagna* die neu Angekommenen in Richtung Innenstadt. Wir lassen uns ein kurzes Stück mit dem Strom treiben und biegen nach circa 50 Metern gegenüber einer Pasticceria links bei dem Bodenmosaik mit der Aufschrift *„Albergo S. Lucia"* in die schmale, ruhige *Calle de la Misericordia* ein. Gegenüber der Hausnummer *385B* wenden wir uns vor dem orangefarbenen Haus rechts in die *Calle Pesaro*. Wir folgen ihr vorbei an einem öffentlichen Park bis zum breiten *Canale di Cannaregio*.

Rechts über den Kanal spannt sich die mit Obelisken und fratzenhaften Masken verzierte *Ponte de le Guglie*.

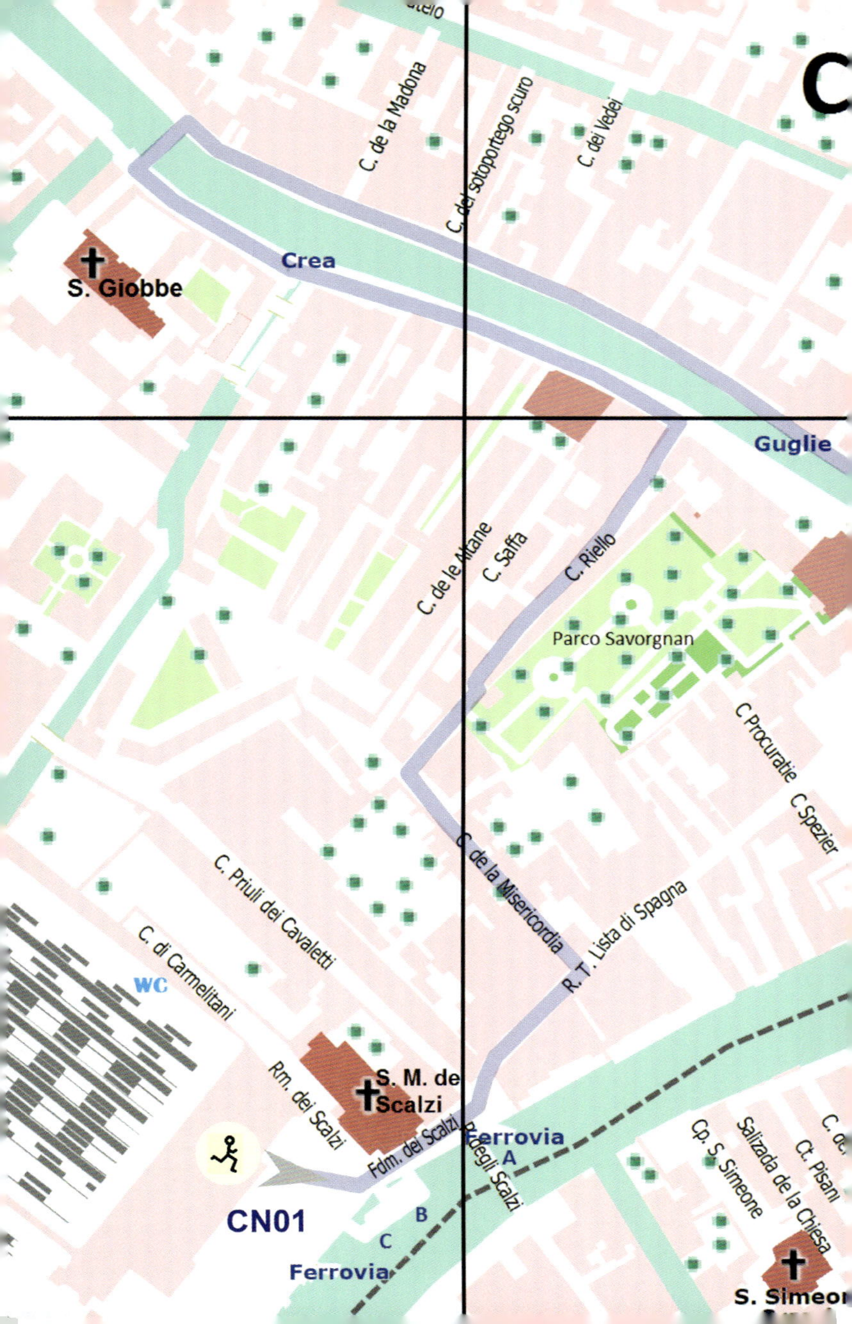
C
C. de la Madona
C. del sotoportego scuro
C. dei Vedei
Crea
S. Giobbe
Guglie
C. de le Altane
C. Saffa
C. Riello
Parco Savorgnan
C Procuratie
C Spezier
C. de la Misericordia
R. T. Lista di Spagna
C. Priuli dei Cavaletti
C. di Carmelitani
WC
S. M. de Scalzi
Rm. dei Scalzi
Fdm. dei Scalzi
P. degli Scalzi
Ferrovia
A
B
C
CN01
Ferrovia
Cp. S. Simeone
Salizada de la Chiesa
Ct. Pisani
S. Simeon

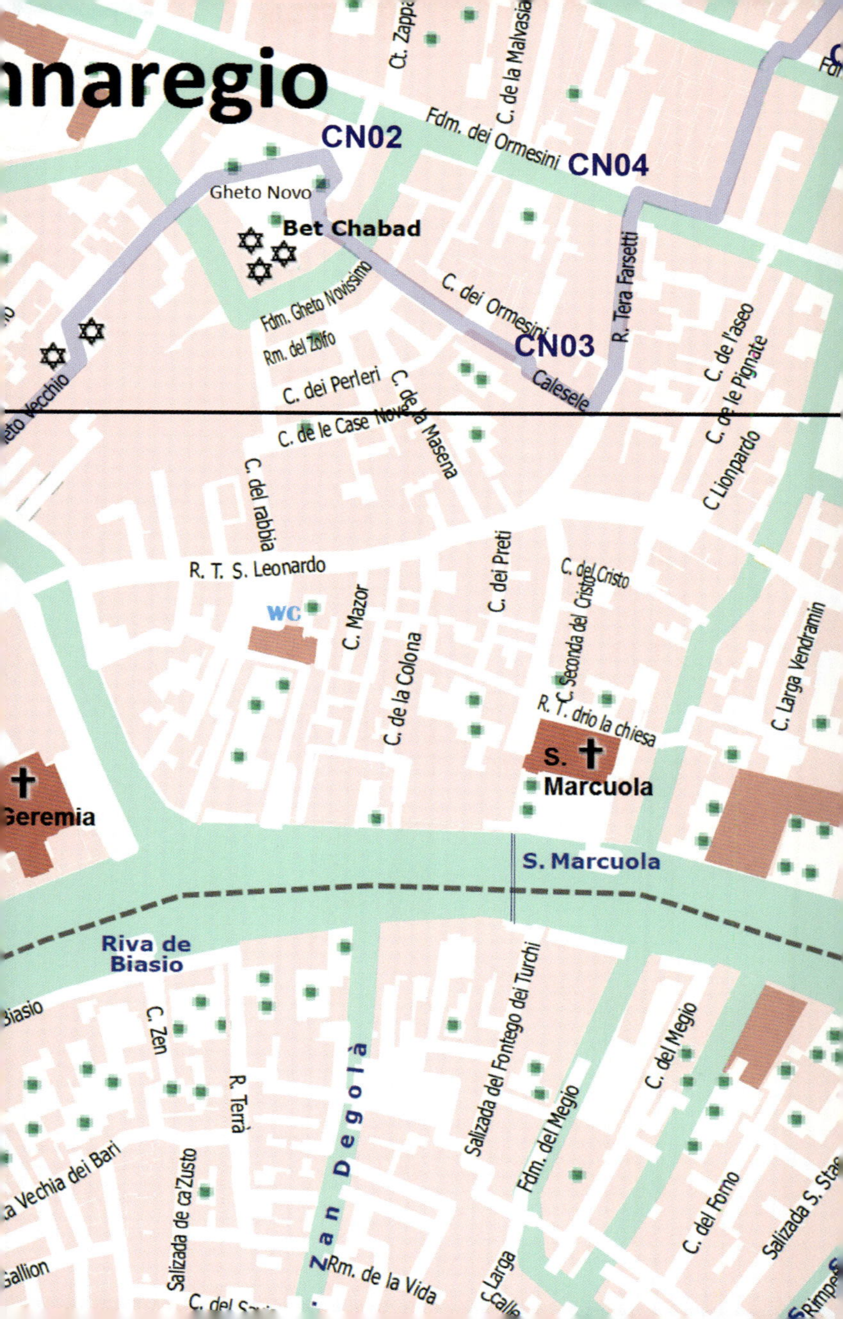

nnaregio
CN02
CN04
CN03
Ct. Zappa
C. de la Malvasia
Fdm. dei Ormesini
Gheto Novo
Bet Chabad
Fdm. Gheto Novissimo
Rm. del Zolfo
C. dei Ormesini
R. Tera Farsetti
C. de l'aseo
C. de le Pignate
Calesele
C. dei Perleri
C. de la Masena
C. de le Case Nove
eto Vecchio
C. del rabbia
C Lionpardo
R. T. S. Leonardo
C. dei Preti
C. del Cristo
C. Seconda del Cristo
WC
C. Mazor
C. de la Colona
C. Larga Vendramin
R. T. drio la chiesa
S. Marcuola
Geremia
S. Marcuola
Riva de Biasio
Biasio
C. Zen
R. Terrà
Salizada del Fontego dei Turchi
C. del Megio
Fdm. del Megio
Zan Degolà
a Vechia dei Bari
Salizada de ca'Zusto
C. del Forno
Salizada S. Sta
Gallion
Rm. de la Vida
C. Larga
Rimpe

Blick von der Ponte dei Tre Archi

204
204

Unser Weg führt links entlang der beschaulichen Fondamenta bis auf die dreibogige *Ponte dei Tre Archi*. Von der Brücke genießen wir die herrliche Sicht über den sanft gewundenen Kanal mit seinen breiten Uferpromenaden und hinaus in die westliche Lagune bis zum Flughafen *Marco Polo*. Bei klarem Wetter erkennt man sogar die Kegel der Euganeischen Hügel nahe Padua.

Auf der anderen Kanalseite schlendern wir, vorbei am pittoresk verwitterten Palazzo der ehemaligen französischen Botschaft, Nummer *967*, zurück bis kurz vor die *Guglie-Brücke* und treten nach dem koscheren *Restaurant Gam Gam* durch einen unscheinbaren niedrigen Durchgang in das ehemalige jüdische Ghetto ein.

Im *Gheto Vechio* gelangen wir zum *Campiello de le Scuole* mit den zwei von der Gemeinde regelmäßig genutzen Synagogen. Sie werden wie die vielen zur Zeit der Serenissima entstandenen Laienbruderschaften und Zünfte, deren berühmteste die Scuola Grande di S. Rocco ist, als Scuola bezeichnet. An der hinter uns gelegenen Synagoge wie auch am Campo del Gheto Novo erinnern Gedenktafeln an die grausame Deportation und Ermordung der Juden während des Nationalsozialismus.

Durchgang zum ehemaligen jüdischen Ghetto

Durch die anschließende Gasse erreichen wir über die *Ponte de Ghetto Vecchio* den weiträumigen *Campo de Ghetto Novo*, der mit seinen vielen verstreuten Bänken zum Verweilen einlädt.

Das erste Ghetto

Das venezianische Ghetto ist namensgebend für die abgesonderten Wohnviertel der jüdischen Bevölkerung in Europa. Den Juden Venedigs war hier im Jahre 1516 das Gebiet der Eisengießerei (venezianisch: geto) zugewiesen worden. Das jüdische Museum bietet mehrmals täglich Führungen durch drei der insgesamt fünf Synagogen in italienischer und englischer Sprache an.

Das sogenannte neueste Ghetto, Gheto Novissimo, wurde Mitte des 17. Jahrhunderts errichtet, um der ständig steigenden Bewohnerzahl gerecht zu werden.

Vor der gusseisernen **Ponte de Gheto Novo** **CN02 (B1**) am nördlichen Ausgang studiert Avvocato Penzo brisante Gerichtsakten, aus denen zu seinen Leidwesen Brunetti und Vianello ganz andere Schlüsse ziehen als er.

Neben den niedrigen Arkaden, hinter denen früher in der noch erhaltenen *Banco Rosso* die jüdischen Geldverleiher diskret ihrer Arbeit nachgingen, führt der enge Durchlass *Sotoportego de Gheto Novo* über eine hölzerne Brücke in das *Gheto Novissimo.* Hier lohnt der Blick zurück auf den hohen, festungsartigen Gebäuderiegel mit den vielen niedrigen Stockwerken, der die damals herrschende Platznot gut veranschaulicht.

Weiter durch die breite stille Calle stoßen wir frontal auf ein rotes Backsteinhaus und laufen links daran entlang, bis wir rechts am Eck zur **Osteria Bentigodi** 🕮 **CN03 (B1)** gelangen. Der Name ist eine Verschmelzung von „Ben ti godi", auf Deutsch etwa „Lass es dir gut gehen". Getreu diesem Motto verabreden sich Commissario Brunetti und sein Schwiegervater in dem Lokal zu einem ernsthaften Gespräch unter Männern über die brisanten Themen Frauen und Geschäfte. Dazu laben sich die Herren an Sarde in Saor, gefolgt von Spaghetti alle Vongole. Als Hauptgericht wird gegrillter Steinbutt, sowie ein in Weißwein gedünsteter Seeteufel mit Zucchini und Rosmarin serviert.

Wir verlassen die eigene Welt des Gheto und laufen den in einigen Metern querenden *Rio Terà Farsetti* nach links zur *Ponte Loredan*.

Von der Brücke erfreut in beide Richtungen die lange, malerische *Fondamenta dei Ormesini* unsere Augen, und wir erkennen im zweiten Haus links mit der Hausnummer *2712* den **Panificio Frangipane CN04 (B1)**. In der Bäckerei „Brich das Brot" backt Graziella Simionato, die Nichte der unglückseligen Signora Battestini, tagaus tagein ihre Panini und scheint für kurze Zeit dem Traum vom großen Geld doch so nah …

Nur kurz gehen wir die Fondamenta nach rechts, um gemeinsam mit dem blauen Hinweisschild auf das *Ospedaliero Fatebenefratelli* gleich wieder links in die *Calle del Forno* einzubiegen.

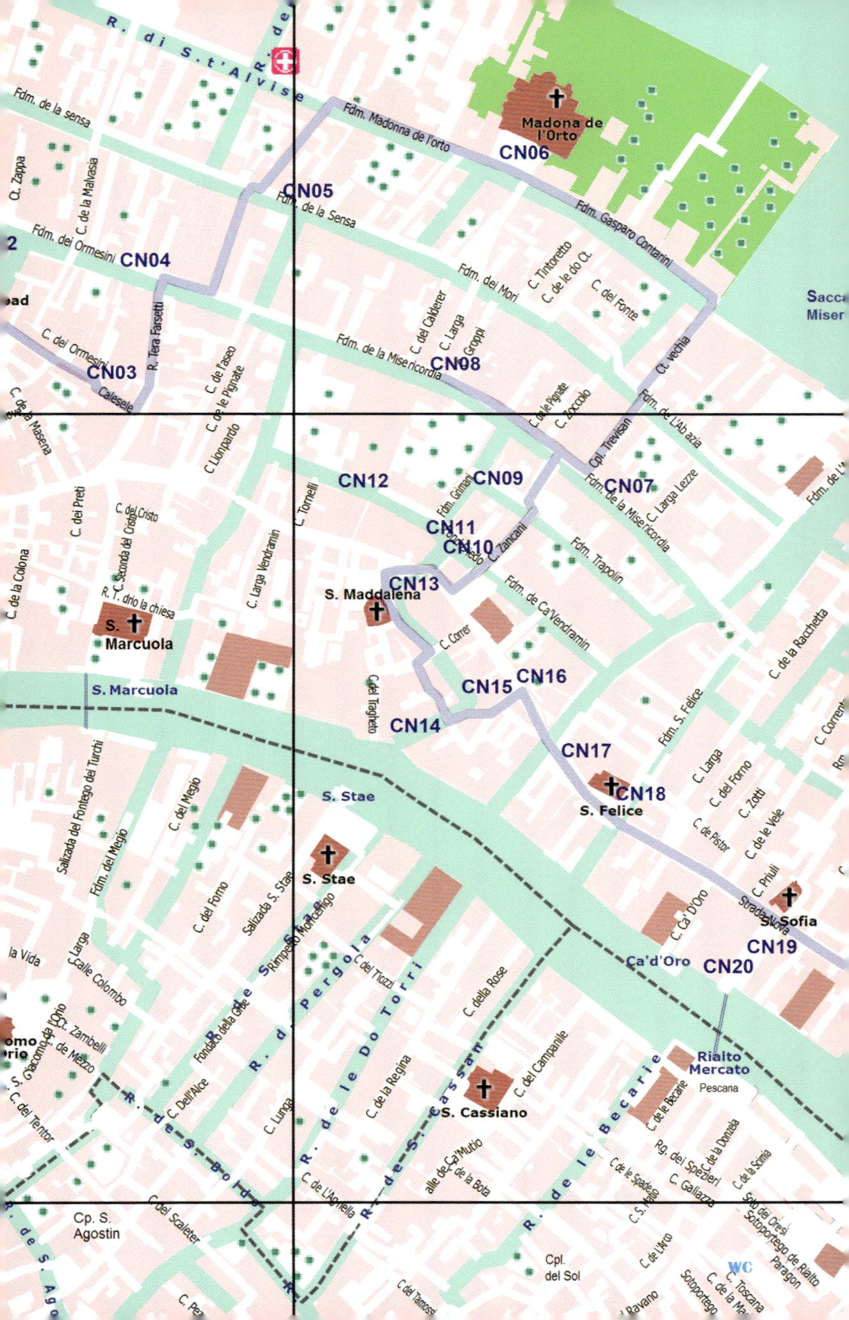
R. di S.t'Alvise
Fdm. Madonna de l'orto
Madona de l'Orto
CN06
Fdm. de la sensa
CN05
Fdm. de la Sensa
Fdm. Gasparo Contarini
Ct. Zappa
C. de la Malvasia
Fdm. dei Ormesini
CN04
Fdm. dei Mori
C. Tintoretto
C. de le do Ct.
C. del Fonte
Sacca Miser
R. Tera Farsetti
C. dei Ormesini
CN03
Calesele
C. de l'aseo
C. de le Pignate
Fdm. de la Misericordia
C. del Calderer
C. Larga
Groppi
CN08
Ct. vechia
C. de la Masena
C. Lionpardo
C. de le Pignate
C. Zoccolo
Fdm. de L'Abazia
Cpl. Trevisan
CN12
CN09
Fdm. Grimani
CN07
Fdm. de la Misericordia
C. Larga Lezze
C. Tornelli
C. dei Preti
C. del Cristo
C. Seconda del Cristo
CN11
CN10
C. Zancani
Fdm. Trapolin
C. Larga Vendramin
C. de la Colona
R. T. drio la chiesa
S. Marcuola
S. Maddalena
CN13
Fdm. de Ca'Vendramin
C. Correr
C. de la Racchetta
S. Marcuola
CN15
CN16
C. del Traghetto
CN14
Fdm. S. Felice
CN17
CN18
S. Felice
S. Stae
Salizada del Fontego dei Turchi
C. del Megio
Fdm. del Megio
S. Stae
C. Larga
C. del Forno
C. Zotti
C. de Pistor
C. de le Vele
C. Priuli
Strada Nova
S. Sofia
CN19
CN20
Ca'd'Oro
C. Ca' D'Oro
C. del Forno
Salizada S. Stae
Rimpeto Mocenigo
C. del Tiozzi
C. della Rose
Calle Colombo
Ct. Zambelli
C. de Mezzo
R. de S. Boldo
R. d. Pergola
R. de le Do Torri
R. de S. Cassan
S. Cassiano
C. del Campanile
C. de la Regina
R. de le Becarie
Rialto Mercato
Pescaria
C. de le Becarie
C. Lunga
C. Dell'Alce
C. del Tentor
Fondaco della Grue
C. de L'Agnella
C. de la Bota
Rg. dei Spezieri
C. Galiazza
C. de la Donzela
C. de la Scimia
C. de le Spade
Cp. S. Agostin
C. del Scaleter
Cpl. del Sol
Sotoportego de Rialto
Paragon
C. de L'Arco
WC
C. Toscana

F.te.Nove
A
B
C
D
F.te.Nove
Fdm. Nove
P. Donà
S. Maria Assunta (Gesuiti)
R. dei Gesuiti
C. Longa S. Caterina
C. de la Masena
C. Marco Foscarini
C. de le Cadene
C. dei Bagnami
C. dei Sartori
Fdm. Zen
Fdm. dei Sartori
C. dei Volti
C. Venier
C. del Magazen
C. de la Pietà
C. de le Tre Crose
C. Colombina
C. de la Vida
C. Larga dei Botteri
C. Ruzzini
C. dei Cordoni
C. del Fumo
C del Volto
C. del Remer
C. del Tagiapiera
R. terà Barba Frutariol
Rm. del Mora
R. terà dei Franceschi
R. terà S.ti Apostoli
C. larga dei Proverbi
C. dei Preti
C. de/ Traghetto
C. Varisco
C. Stella
C. del Squero
Fdm. dei Mendicanti
C. Gabrieli
R. de la Panada
C. Widmann
R. Widmann
C. Cornello
Cp. S. Canzian
S. Canzian
Cp. S. M. Nova
S. Maria dei Miracoli
Scuole
C Larga Gallina
C. Castelli
C Forno
C. de le Erbe
R. de S. Marina
S.ti Giovanni e Paolo
Ospedaleto
S. Giovanni Grisostomo
Salizada S. Canzian
Salizada S. Giovanni Grisostomo
C. Scaleta
C del Verrocchio
C. Bressana
C. Scaleta
ti Apostoli
CN21
CN22
CN23
CN24
CN25
CN26
CN27
CN28
CN29
CN30
CN31
CN32
CN33
CN34
CN35

Die schlichte Wohngasse führt uns über eine Brücke zum nächsten Rio, an dessen Ufer rechts das **Ai Mori d`Oriente** 🎬 **CN05 (B/C1)** liegt. Vice-Questore Patta hat im Hotel heimlich Quartier genommen, während ihn seine Gattin frierend in den norwegischen Fjorden wähnt.

Wir folgen weiterhin der Beschilderung zum *Ospedaliero Fatebenefratelli*, indem wir uns vor dem Hotel nach links in eine nur noch drei Platten schmale Gasse wenden.

Vor der Brücke können wir links durch ein Gitter in den Privatweg *Corte Loredan* hineinspähen. Immer wieder fallen in Venedig solchermaßen gesicherte Höfe oder kleine Gassen auf, sei es zum Schutz vor irregeleiteten Touristen oder noch schlimmeren Übeltätern.

Die Holzbrücke bringt uns zur *Fondamenta Madona de l'Orto* am äußersten Rio des Sestiere.

Der „Panettone“

Sehr beschaulich flanieren wir rechts bis zur gotischen Backsteinkirche **Madona de l'Orto CN06 (C1)**, deren defektes Glockenwerk bei der Totenmesse für den bedauernswerten Gerichtsdiener Fontana den Commissario auf des Rätsels Lösung bringt.

Gegenüber der Kirche in dem Eckhaus zwischen der Brücke und dem einmündenden Rio wohnt der Bruder des Commissario, Sergio Brunetti. Von seinem Fenster kann Sergio die von Brunetti respektlos als „Panettone“ (traditioneller italienischer Weihnachtskuchen) bezeichneten Kuppel sehen.

Im Kircheninneren befinden sich das Grab sowie etliche Werke des Malerfürsten Jacopo Tintoretto, der in der Nähe gelebt hat. Leider nur selten zugänglich ist der angeschlossene meditative Kreuzgang.

Die Fondamenta endet vor dem Bootshafen *Sacca de la Misericordia*, der einem Wald aus überdimensionalen Buntstiften gleicht und den Blick über *Murano* und die Friedhofsinsel *S. Michele* freigibt.

Wir laufen nach rechts über die Brücke und überqueren kurz darauf eine zweite, von der wir zu unserer Rechten eine pittoreske Bootswerft bewundern können. Im Anschluss stoßen wir hinter dem *Campiello dei Trevisani* auf die belebte *Fondamenta de la Misericordia*.

Bootswerft rechts am Weg beim Campiello dei Trevisani

In dem Gebiet linkerhand wurden die Szenen vor der **Filmwohnung der Brunettis** 🎬 **CN07 (C2**) aufgenommen, und wir finden in dem zweiten Haus mit den drei Eingängen das Tor, Nummer *3586A*, durch welches die Familie ein und aus geht. (Die Dachterrasse thront hoch über dem Canal Grande in S. Polo und ist von unserer Canal Grande-Tour aus zu sehen.)

Wir wenden uns nach rechts bis zur nächsten Brücke. Bevor wir sie überqueren, können wir die an der Uferpromenade aufgereihten Bars und Restaurants entlang schlendern und das gastronomische Angebot studieren, bis sich etwa hundert Meter weiter das ehemalige Ristorante Il Migliore dazu gesellt.

Brückenblick auf das Ristorante Tintoretto (vormals Il Migliore) unter der hinteren roten Markise

Mittlerweile hat das Lokal den Besitzer gewechselt und den Namen **Ristorante Pizzeria Tintoretto** **CN08 (C1)** angenommen. Der Commissario isst gerne mit seiner Familie in dem lauschigen Ristorante. Hier horcht er Raffis sexualwissenschaftlichen Ausführungen oder erholt sich bei einem Teller Spaghetti von Aikos japanischen Kochkünsten. Einmal jedoch wird die Idylle jäh durch das Auftauchen einer neuen Leiche auf Pellestrina zerstört.

Zurück bei der Brücke überqueren wir den Rio und verweilen für einen Moment auf der nachfolgenden *Ponte Zancani*. Rechterhand neben der **Fondamenta Moro** **CN09 (C2)** treibt der aufgedunsene Leichnam des Veterinärs Professor Nava an die Wasserstufen und erlöst die sofort herbeigerufenen Brunetti und Vianello von der unsäglichen Ordensverleihung an ihren stolzgeschwellten Vice-Questore.

Am rechten Ende der an unsere Brücke anschließenden *Calle Zancani* erreichen wir den Pub „Zum heiligen Säufer" – **Il Santo Bevitore** **CN10 (C2)**.

Nachdem der Commissario seine Tochter als Mitglied der radikalen Tierschutzorganisation Angelo Animale entlarvt hat, liefern sich die beiden im Pub eine hitzige Diskussion. Durch den Mord am ehemals im Schlachthof beschäftigten Professor Nava rücken Chiaras sogenannte Tierengel ins Visier der Ermittlungen.

Unser Weg führt geradeaus auf die *Ponte S. Fosca,* die sich mit ihren vier Fußabdrücken in jeder Ecke als eine ehemalige Ponte dei Pugni (s. Die Brücken der Fäuste, S. 147) zu erkennen gibt.

Oben drehen wir uns nochmal um und entdecken außer dem Pub zwei weitere Schauplätze: Der mächtige *Palazzo Diedo,* Nummer *2386,* links neben dem Pub diente in bislang drei Verfilmungen als Respekt einflößende Außenkulisse für die **Schulbehörde, die Staatsanwaltschaft und das Gericht** **CN11 (C2)**.

Mit seinen Erkundigungen über den ehemaligen Mitarbeiter Paolo Battestini bringt der Commissario den Leiter der Schulbehörde und angeblichen Dottore Signor Trotti ziemlich aus dem Gleichgewicht.

Die Staatsanwaltschaft sucht Brunetti gemeinsam mit seinem Konkurrenten Capitano Marvilli auf, um von höchster Stelle klären zu lassen, wer von ihnen beiden für den Fall der ermordeten Rozafa Krasnic zuständig sein soll.

Bei Gericht hingegen erwirkt Brunetti in seltener Harmonie mit seinem Chef Patta im Nachhinein die Vollstreckung des bereits eigenmächtig ausgeführten Haftbefehls gegen den Geschäftsführer des Schlachthofes, Signor Papetti.

In Verlängerung der *Fondamenta Diedo* nach links sehen wir hinter der Brücke bei dem gelben Schild „Hostel" *(Fondamenta de Canal 2372, 2377, 2379)* den Zugang zum **Altenheim CN12 (C2)**, in welchem sich Signora Altavilla bis zu ihrem mysteriösen Ableben hingebungsvoll um die Senioren gekümmert hat.

Von der *Ponte S. Fosca* laufen wir nun weiter über den gleichnamigen Campo und biegen rechts in die geschäftige *Salizada S. Fosca*, der wir über die nächste Brücke hinweg folgen. Links öffnet sich der ungewöhnliche, von bunten kleinen Häuschen umstandene und mit einer Rundkirche versehene *Campo de la Maddalena*.

Nur durch den Rio vom Campo getrennt unterhalten die **Angelo Animale 🎬 CN13 (C2)** im Eckhaus hinter dem Balkon im ersten Stock des gewaltigen schmutzigweißen Palazzo ihr Aktionsbüro. Zwei vermummte Gestalten fliehen aus dem seitlichen Hauseingang, *Fondamenta de la Maddalena 2205,* und liefern sich mit dem Commissario und seinen Kollegen eine Verfolgungsjagd. Während eine von beiden entkommt, wird die andere gestellt und entpuppt sich zu Brunettis Verblüffung als seine Tochter Chiara.

Das Gebäude der Tierschutzorganisation zu unserer Linken entfernen wir uns durch die Arkaden des *Sotoportego* und die *Fondamenta de le Colonete* vom Menschenstrom der Hauptstraße. Am Ende des Wegs biegen wir rechts weg vom Rio und gelangen gleich wieder links durch die *Calle de l'Ogio* auf den gleichnamigen Corte.

Ein Durchgang führt zum Rio, über den sich erst im letzten Moment das Holzbrückchen **Ponte de l'Ogio** **CN14 (C2)** auftut. Ein entgegenkommender Karrenfahrer bremst hier aufgrund der Enge für entscheidende Sekunden einen Polizisten auf seiner Jagd nach den Tierfreunden aus.

Am anderen Ufer geht es links am Uferweg entlang, der uns in seiner Verlängerung geradewegs in das pralle Leben der *Salizada S. Fosca* zurück katapultiert.

Links am Bildrand das Herrenkonfektionsgeschäft, gegenüber ragen die Bäume aus dem Anwesen von Malfattis Freundin.

In dem **Laden für Herrenkonfektion** 🎬 **CN15 (C2)**, Nummer *2239*, links am Eck, wählt Vice-Questore Patta in froher Erwartung seiner Ehrendoktorwürde bereits das passende Outfit aus.

Gegenüber im von Bäumen überwucherten Anwesen Nummer *2290A* setzt sich in der **Wohnung seiner Freundin Berufsverbrecher Malfatti** 🎬 **CN16 (C2)** schlagkräftig gegen den Zugriff von Pattas Beamten zur Wehr.

Wir flanieren nach rechts durch die breite Einkaufsstraße und passieren hinter der nächsten Brücke den großen **Supermarkt Conad** 📖 **CN17 (C2)**, der bis Anfang 2015 noch zur Billa-Kette gehörte. Auf ihrem Weg vom Bahnhof nach Hause nutzt Signora Gismondi die Möglichkeit, dort auch sonntags für ein frisches Abendessen einzukaufen.

Von der folgenden Brücke aus wird ein schwarzafrikanischer Straßenhändler, umgangssprachlich Vucumpra genannt, am Seitenportal der links gelegenen **Chiesa S. Felice** 🎬 **CN18 (C2)** unter den Augen zahlloser Touristen mit einem einzigen Schuss niedergestreckt.

Vu' cumprà – Willst du kaufen?

Die zumeist senegalesischen oder pakistanischen Händler gehören zum alltäglichen Straßenbild. Neben Selfie-Stativen, Sonnenbrillen, Regenschutzkleidung, Leucht-Fallschirmchen und unplatzbarem Weichplastik-Gemüse (!?!) sind vor allem illegale Nobelhandtaschen-Imitate ihre Handelsobjekte. Nicht übertrieben ist im Film „Blutige Steine" die Szene, in der sich ein **Vucumpra** mit seinen Taschen direkt vor einem Taschengeschäft mit Markenware aufbaut und somit dessen Umsatz bedroht. Die merkwürdige Bezeichnung „Vucumpra" ist eine Verballhornung der Geschäftsanbahnungsgespräche: „Vu' cumprà?" – „Vuoi comprare?" – „Willst du kaufen?"

Nun ist es nicht mehr weit zum *Campo S. Sofia*, wo an der Ecke die **Bar S. Sofia** 📖 **CN19 (C2)** auf ein kleines Päuschen einlädt. Signora Gismondi, die Nachbarin der missliebigen Signora Battestini, spendiert in der Bar deren unterbezahlten Haushaltshilfe Florinda aus Mitleid die letzten zwei Kugeln Schokoladeneis ihres Lebens.

Blick über den Campo S. Sofia zur Fischhalle, rechts das Hotel Ca` Sagredo

Der hübsche, von dem zentralen Brunnen dominierte *Campo S. Sofia* gewährt einen Blick über den *Canal Grande* zur *Fischhalle*. Außerdem kann man mit dem Tragheto übersetzen und ein bisschen Gondel-Atmosphäre schnuppern.

In dem nur als Kulisse aufgebauten Ristorante am **Hotel Ca' Sagredo CN20 (C2**) stehen die Eheleute Patta gerade vor einer schwierigen kulinarischen Entscheidung, als Brunetti mit lästigen Ermittlungsdetails hereinplatzt.

Die *Strada Nova* führt uns im weiteren Verlauf zum **Campo SS. Apostoli CN21 (C2)**, auf dem man es sich unter zwei schattenspendenden Bäumen mit einer Zeitung gemütlich machen kann. Der zentral gelegene Kiosk vertreibt die gängigen deutschen und internationalen Blätter. Auch Brunetti versorgt sich am Stand mit einer aktuellen Ausgabe, und erfährt darin von seinem neuesten Fall.

Ein Laden im Kirchturm

Evangelisch in Venedig

Rechts am Campo SS. Apostoli ist in der freistehenden ehemaligen Scuola dell'Angelo Custode die rege, rund achtzig meist deutschsprachige Mitglieder zählende, evangelisch-lutherische Gemeinde Venedigs mit ihrem deutschen Pastor angesiedelt. Am Eingang hängen der aktuelle Veranstaltungsplan und die Besichtigungszeiten aus, zu denen Touristen herzlich willkommen sind. Immer ist ein Gemeindemitglied anwesend, das aus der interessanten Geschichte der Pfarrei erzählen kann. Jeden zweiten Sonntag wird im Versammlungssaal im ersten Stock ein Gottesdienst abgehalten. Außerdem finden im Erdgeschoss regelmäßig die beliebten Treppenkonzerte „Concerti sulla Scala" statt.

Außergewöhnlich ist der hohe, eingebaute Campanile der *Chiesa SS. Apostoli* gegenüber, dessen Uhr noch ein 24-Stunden-Ziffernblatt aufweist und der in seinem Inneren einen pfarreieigenen Kleiderladen beherbergt.

Vorbei am Brunnen begeben wir uns durch einen schmalen Durchgang hinter die Kirche auf den *Campo drio la Chiesa*, den wir diagonal durchqueren.

Durch die versteckte *Calle del Manganer* entfernen wir uns vom Platz und laufen gemäß der blauen Ausschilderung nach rechts in Richtung Ospedale. Wir folgen dem verwinkelten Gassenverlauf, überqueren den *Campiello de la Cason* und nehmen die *Calle de la Malvasia* über die Brücke auf den **Campo S. Canzian 🎬 CN22 (D2)**. An der dortigen Wassertreppe wird der amerikanische Soldat Foster tot aus dem Rio gefischt *(s. Bild nächste Doppelseite)*.

Der Kiosk auf dem Campo SS. Apostoli und der Campanile mit der 24-Stunden-Uhr

Ponte und Campo S. Canzian, an dem Fosters Leiche angetrieben wird

1868
YAMAHA

Die *Chiesa di S. Canciano* links liegen lassend gelangen wir auf den *Campiello Bruno Crovato*. Die Abkürzung, die manche Einheimische gerne nehmen, führt wenig pietätvoll direkt durch die Kirche. Wir wissen nicht, was der zuständige Pfarrer davon hält und empfehlen dies nur bei ernsthaftem Interesse am Kircheninneren.

Prachtvolle Fensterfront des Palazzo Bembo Boldù

Der *Campiello Bruno Crovato* geht über in den *Campiello S. Maria Nova*, an dem wir rechts den **Palazzo Bembo Boldù** 🕮 **CN23 (D2)** erblicken. Einige schwermütige Damen erhoffen sich im dort untergebrachten psychiatrischen Versorgungszentrum Erlösung von ihrer Seelenpein.

Nur ein Katzensprung trennt uns vom links angrenzenden, mit behaglichen Bänken und Bars versehenen *Campo S. Maria Nova*. In dem **Laden, Nummer 6066** 🎬 **CN24 (D2)**, rechts gegenüber stößt der Commissario auf seine verhängnisvolle Geburtstagsidee für Paola.

Die mehrfarbige **Chiesa dei Miracoli** 🕮 **CN25 (D2)** mit den Marmorkuppeln am jenseitigen Ufer wird gerne zum Heiraten genutzt. So auch von Dottor Pedrolli und Bianca Marcolini, die sich wegen der illegalen Adoption eines albanischen Jungen verantworten müssen.

Der Campo S. Maria Nova

Vor der Kirchenapsis auf dem **Campiello dei Miracoli** 🎬 **CN26 (D2)** wohnt im Haus *6068* die an den Rollstuhl gefesselte Mutter des getöteten Kadetten Ernesto Moro (Auf dem Plätzchen war auch der Blumenladen aus dem bekannten Film „Brot und Tulpen" aufgebaut worden).

Unser Weg führt vor der *Ponte S. Maria Nova* links ums Eck auf die *Ponte del Piovan*.

Der unten schon ziemlich angeschwärzte Palazzo Widmann hinter der Brücke

Blickt man von oben nach links, bemerkt man hinter der nächsten Brücke den repräsentativen **Palazzo Widmann** 🎬 **CN27 (D2)**, in dem der nur zum Schein von seiner Frau getrennte Signor Moro sein Domizil aufgeschlagen hat.

In diese Richtung geht es links am Rio unter Arkaden hindurch, bis wir vor dem Gatter des besagten *Palazzo Widmann* rechts durch eine sehr schmale Gasse zum *Campiello Widmann* laufen. Leicht links ver-

setzt passieren wir den Platz und stoßen auf einen weiteren kleinen Campo, den wir diagonal durchqueren. Dabei können wir uns an der gelben Beschilderung Richtung *Fondamente Nove* orientieren. So werden wir direkt an die Pergola der **Trattoria Cea 🎬 CN28 (D2)** geleitet, in der die um ihren Bruder besorgte Zaina vergeblich auf den Commissario wartet.

Schräg rechts gegenüber können wir im Schaufenster der Steinmetze Fabris & Lacchin S.N.C., Nummer *5332*, eine kuriose Filmrequisite bestaunen. Ausgestellt ist das mit einem Foto versehene **Grabkreuz von Brunettis Mutter 🎬 CN29 (D2)**, mit der ihr Sohn auf der Friedhofsinsel *S. Michele* Zwiesprache hält.

Die Calle weitet sich zum *Campiello del Pestrin* und geht in die angenehme Laden- und Wohngasse *Calle del Fumo* über, die zur Anlegestelle *Fondamente Nove* an der nördlichen Lagune führt.

Einzigartiger Blickfang ist die zypressenbestandene, von einer roten Backsteinmauer eingefasste Friedhofsinsel *Isola S. Michele*. Links vor uns am Festland erkennen wir den gnädigerweise oft im Dunst weich gezeichneten *Flughafen Marco Polo*. Bei günstiger Wetterlage tauchen im Hintergrund die Dolomiten auf, gleich einer Fata Morgana über dem Meer.

Blick über die nördliche Lagune mit den Dolomiten im Hintergrund

Am Anleger spazieren wir rechts in Richtung auf das an seiner langgestreckten Backsteinmauer weithin erkennbare *Arsenale* zu. Die übernächste Brücke bringt uns über den *Rio dei Mendicanti* in das Sestiere Castello. Geradeaus legen die Ambulanzboote beim *Pronto Soccorso*, der von Brunetti und seinen Kollegen oft genutzten **Notaufnahme des Ospedale Civile 🎬 CN30 (D2)** an.

Wir biegen jedoch rechts in die *Fondamenta dei Mendicanti*, durch deren Rio die Verstorbenen des Ospedale nach S. Michele befördert werden. Das Krankenhaus nimmt die gesamte Länge der Fondamenta ein.

Der Uferweg führt, vorbei am Seiteneingang sowie weiteren Anlegestellen für die Rettungs-

Ein Transportboot für Särge an der Seitenfront des Ospedale Civile.

Das Hauptportal des Ospedale Civile

boote, auf den imposanten *Campo SS. Giovanni e Paolo* und zum Haupteingang des **Ospedale Civile** 🎬 📖 **CN31 (D2)**. Hinter den berüchtigten Klinikmauern ringen etliche Protagonisten mit dem Tod, nicht zuletzt, weil sie bei der Essensausgabe vergessen oder von ihren Häschern bis ans Krankenbett verfolgt werden. Gerne werden die Stationen belegt, in denen gerade ein Bett frei ist, unabhängig vom benötigten Fachbereich. Trotz allen Ungemachs ist aber auch von Patienten die Rede, die als geheilt entlassen werden konnten.

Den besten Gesamteindruck bietet die *Ponte Cavallo* gleich rechts über dem *Rio dei Mendicanti*: Links am Platz bildet die *Scuola Grande di S. Marco* mit der prächtigen Renaissancefassade die Vorderfront des Ospedale.

Die Scuola Grande di S. Marco

Seit 2014 kann man im Ospedale Civile, ohne einen Krankenbesuch vortäuschen zu müssen, zwei der schönsten Säle Venedigs bewundern. Der Weg zur Scuola Grande di S. Marco ist ausgeschildert. Vom Haupteingang am Campo SS. Giovanni e Paolo geht es beim Empfang rechts die beeindruckende Treppe hoch in den ersten Stock. Außer einer Reihe von Werken Tintorettos und anderer Meister ist in den überdimensionalen Räumlichkeiten unter der vergoldeten

Kassettendecke eine umfangreiche Sammlung historischer medizinischer Instrumente und Fachbücher ausgestellt.

Daran angrenzend erhebt sich die imposante gotische Dominikanerkirche **SS. Giovanni e Paolo** 🕮 **CN32 (D2)**, die auch als Pantheon der Republik Venedig bezeichnet wird. Den würdigen Rahmen des bedeutenden Gotteshauses haben viele Dogen und andere Adelsfamilien von Rang für ihre Grablegen gewählt. Obwohl er seinen Ausweis vergessen hat, der seinen venezianischen Wohnsitz beweist, darf Brunetti ohne Eintritt zu zahlen eine Kerze für seine Mutter (und eine für die des Kirchenaufsehers) anzünden und ausgiebig die mannigfaltigen Kunstschätze betrachten.

Der Rio dei Mendicanti mit dem Reiterstandbild am Campo SS. Giovanni e Paolo

Vor den Augen des steinernen Reiters Condottiere Colleoni wurde an der **Freitreppe zum Rio dei Mendicanti** 🕮 **CN33 (D2)** die Leiche des jungen Soldaten Foster angeschwemmt.

Wendet man den Blick in die Gasse auf der anderen Uferseite, fällt der grüne, über und über mit Zeitschriften und Krimskrams vollgehängte **Kiosk der Signora Maria** 🕮 **CN34 (D2)** auf. Die Signora ist bestens über die Bewohner ihres Viertels informiert und weist Brunetti auf Anhieb den Weg zu der amerikanischen Archäologin Brett Lynch.

Unsere Tour endet hinter dem Condottiere in der **Bar Rosa Salva** 🎬 🕮 **CN35 (D3)**, in der sich Vice-Questore Patta weiland aus Verdruss ein paar Gläschen Grappa zu viel genehmigt hatte. Doch auch Vianello schätzt die Bar wegen des „besten Caffès in der Stadt" und der leckeren Croissants. Der Commissario gönnt sich hier schon mal ein Panino Prosciutto oder ein Tramezzino mit Schinken und Artischocke zu einem Glas Weißwein. Und selbst Chefpathologe Dottor Rizzardi schaut nach einer Obduktion schnell auf einen Caffè vorbei.

Tour 2: Castello

🕑 3 Stunden

Campo SS. Giovanni e Paolo, Nähe Anleger Ospedale (D2/3)

Bar Angiò, Riva S. Biagio, Nähe Anleger Arsenale (E4)

Das von bunten Wäscheleinen über verwinkelten Gässchen und verträumten Kanälen durchzogene Arbeiterviertel Castello wartet mit der einst bedeutendsten Schiffswerft und einer ehemaligen Bischofsinsel auf. Wir streifen die „grüne Lunge" der Stadt, bevor wir entlang der aussichtsreichen Riva mit Panoramablick zurück flanieren.

Unser zweiter Spaziergang beginnt bei der langgezogenen Freitreppe des *Rio dei Mendicanti* am *Campo SS. Giovanni e Paolo.* Das Wasser vor Augen wenden wir uns nach links und laufen über die Brücke durch die *Calle de le Erbe*, die uns über einen Rio auf die *Fondamenta de le Erbe* bringt.

Ihr folgen wir über den querenden Rio nach links und durch die anschließende *Calle del Cristo* zum *Campo S. Marina*.

Der Platz wird rechts vom leuchtend gelben **Hotel S. Marina 🕮 CS01 (D3)** eingenommen, in dem Brunetti die Eltern des an einer Überdosis Heroin gestorbenen Marco Landi unterbringen wollte.

Links im Bild unter der Markise befindet sich das Café Didovich, im gelben Gebäude rechts das Hotel S. Marina.

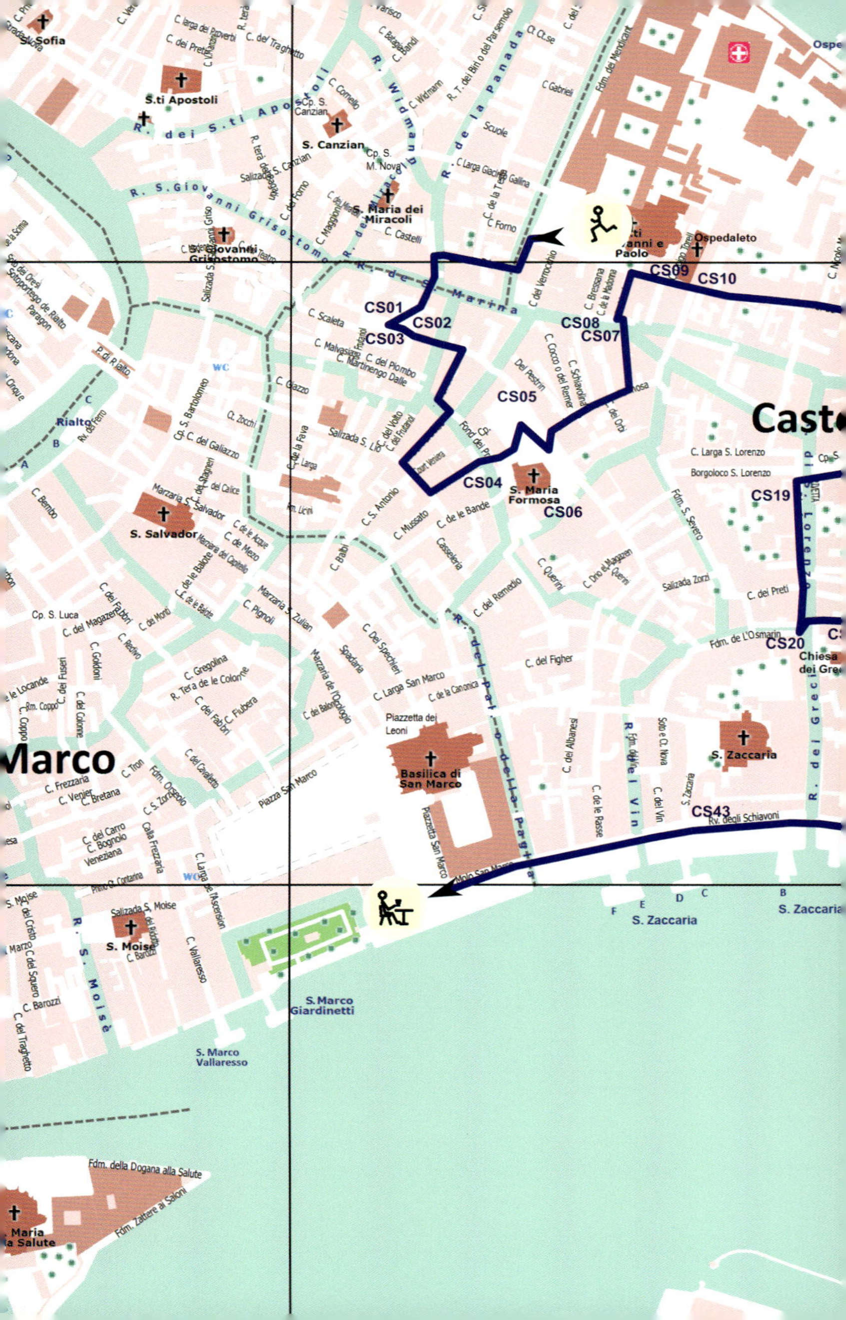

S. Sofia
S.ti Apostoli
S. Canzian
S. Maria dei Miracoli
S. Giovanni Grisostomo
Ospedaleto
CS01
CS02
CS03
CS04
CS05
CS06
CS07
CS08
CS09
CS10
CS19
CS20
CS43
Rialto
S. Maria Formosa
S. Salvador
Castello
Chiesa dei Greci
S. Zaccaria
Basilica di San Marco
Piazzetta dei Leoni
Marco
S. Moise
S. Marco Giardinetti
S. Marco Vallaresso
Maria la Salute
Fdm. della Dogana alla Salute
Fdm. Zattere ai Saloni
Piazza San Marco
Piazzetta San Marco
Molo San Marco
Rv. degli Schiavoni
C. Larga San Marco
C. Larga S. Lorenzo
Borgoloco S. Lorenzo
Fdm. S. Severo
Salizada Zorzi
C. dei Preti
Fdm. de L'Osmarin
C. del Figher
C. del Remedio
C. Querini
C. Mussato
C. de le Bande
Casselleria
C. S. Antonio
C. Balbi
Cp. S. Luca
C. Goldoni
C. Gregolina
C. Fiubera
C. dei Fabbri
Calle Frezzaria
C. Larga de l'Ascension
C. Vallaresso
Salizada S. Moise
C. Barozzi
C. del Traghetto
C. del Squero
R. S. Moisè

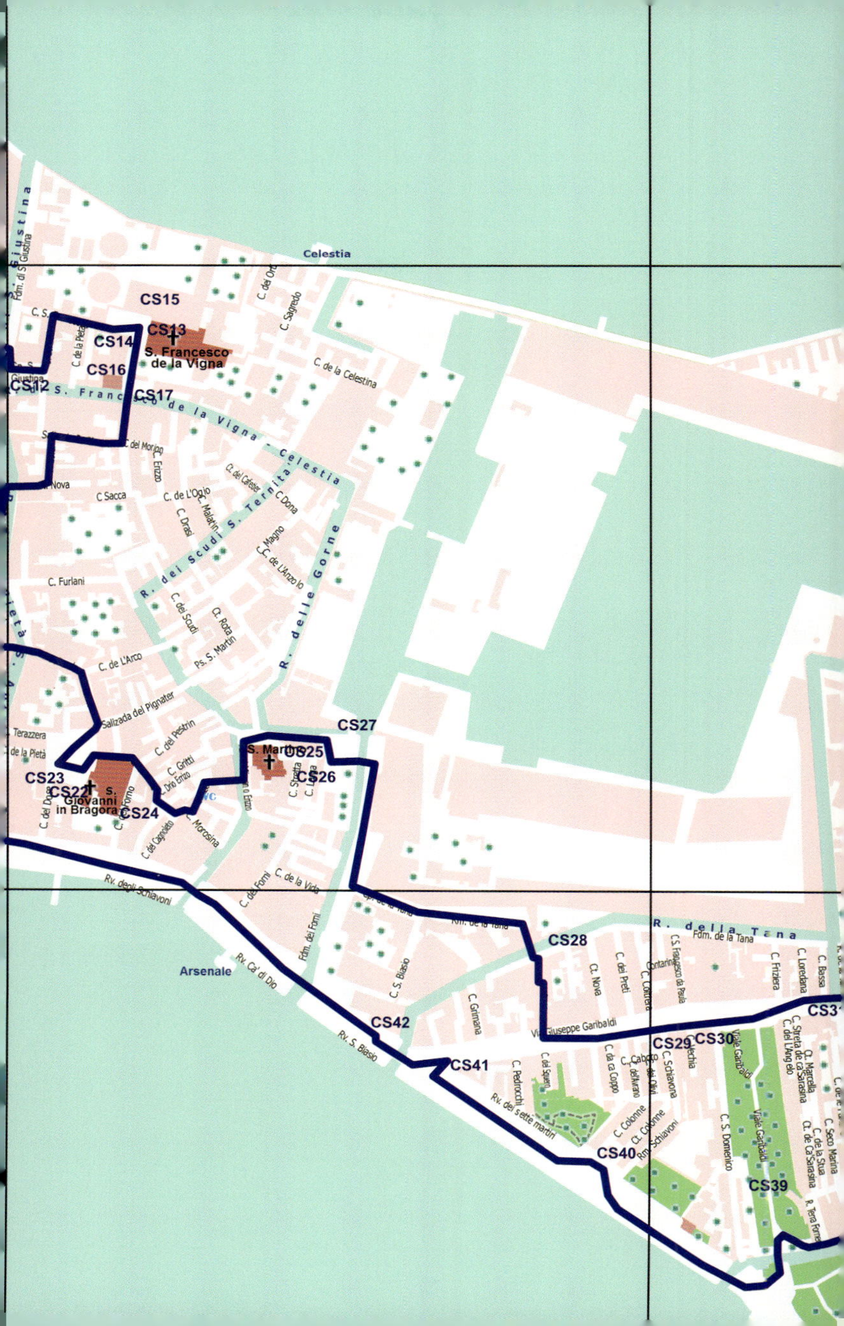

Celestia
CS15
CS13
CS14
S. Francesco
de la Vigna
CS16
CS12
CS17
R. de S. Francesco de la Vigna - Celestia
C. Sagredo
C. de la Celestina
C. de la Pietà
C. del Morion
C. Erizzo
C. Sacca
C. de L'Ogio
C. Drasi
C. Malatin
Ct. del Cafetier
C. Dona
R. dei Scudi S. Ternità
C. Magno
C. de L'Anzolo
R. delle Gorne
C. Furlani
C. dei Scudi
Ct. Rota
Ps. S. Martin
C. de L'Arco
Salizada del Pignater
C. del Pestrin
C. Gritti
CS27
S. Martino
CS25
CS26
C. Stretta
C. Loga
Terazzera
de la Pietà
CS23
CS22
S. Giovanni in Bragora
CS24
C. del Cagnoleto
C. Morosina
C. dei Forni
C. de la Vida
Rv. degli Schiavoni
Arsenale
Rv. Ca' di Dio
Fdm. dei Forni
C. S. Biasio
Rv. S. Biasio
CS42
CS41
Rm. de la Tana
R. della Tana
Fdm. de la Tana
CS28
Ct. Nova
C. dei Preti
C. Contarina
C. Coltrera
C. S. Francesco da Paola
C. Friziera
C. Loredana
C. Bassa
CS31
C. Grimana
Via Giuseppe Garibaldi
CS29
CS30
C. da ca Coppo
C. Caboto
C. Schiavona
C. Vechia
Viale Garibaldi
C. del Sparo
C. Pedrocchi
Rv. dei sette martiri
C. Colonne
Ct. Colonne
Rm. Schiavoni
CS40
C. S. Domenico
CS39
C. Streta de ca Sarasina
C. del L'Angelo
Ct. Marcella
Ct. de Ca' Sarasina
C. Seco Marina
C. de la Stua
R. Terra Fome

Im links gelegenen **Geschäft CS02 (D3)**, Nummer *6095*, entdeckt Vianello sein Herz für einen sprechenden Vogel, der bei ihm zu Hause den Schnabel nicht mehr aufbekommt. Von seinem neuen Besitzer schweren Herzens zurückgebracht, plappert er seitdem wieder fröhlich vor sich hin.

Vianellos Zoogeschäft ist in Wirklichkeit ein Blumenladen.

Die an der Schmalseite des Campo gelegene **Pasticceria Didovich CS03 (D3)** nutzt der Commissario für ein typisch venezianisches Frühstück bestehend aus einem Caffè, einer Brioche und der in den meisten einheimischen Bars ausliegenden Tageszeitung *Il Gazzettino.*

Meringebombe in der Pasticceria Didovich

Wir verlassen den Platz beim *InCoop* links über die *Calle* und *Ponte Marcello* und biegen bei der ersten Möglichkeit in die *Calle del Dose* ab. Mit ihr gelangen wir zu einem Rio und an dessen Fondamenta auf die über das Wasser führende *Ponte Paradiso*.

Einzigartiger Blickfang ist der filigrane gotische *Arco del Paradiso* mit der Schutzmantelmadonna aus dem 14. Jahrhundert, der einem Damoklesschwert gleich den Zugang zur außergewöhnlichen *Calle del Paradiso* überspannt. Diese ist harmonisch mit sogenannten Barbacani gesäumt, hölzernen Mauervorsprüngen zur Wohnraumerweiterung der oberen Geschosse, ohne dass es unten in der Gasse zu eng wird. Durch die Calle hindurch erreichen wir die quirlige *Salizada S. Lio*, in die wir links einschwenken.

Calle del Paradiso

Kurz darauf geht es am nächsten *InCoop* bei Hausnummer *5816* nochmal links in die *Calle del Mondo Novo* direkt zur **Osteria Alle Testiere** 📖 **CS04 (D3)**. Von Signorina Elettra des Büros verwiesen tröstet sich Brunetti in der Osteria mit Meeresfrüchten und angeblich fangfrischem gegrillten Thunfisch.

Der verschrobene Tierarzt Dottor Papetti will hier zum Zeitpunkt des Mordes an Dottor Nava mit einem Freund zu Mittag gegessen haben und präsentiert stolz sein wasserdichtes Alibi.

Nach der Brücke fällt die weiße Kirche ins Auge, auf die wir zuhalten und am belebten **Campo S. Maria Formosa** 🎬 **CS05 (D3)** ankommen. Umstanden von prächtigen Palazzi plaudert Brunetti links am Platz mit einer Architektin über die Tücken ihres Auftrages, das prunkvolle Anwesen des kapriziösen Signor La Capra in einen Hochsicherheitstrakt zu verwandeln.

Hinter der Kirche liegt über dem Rio der Zugang zum **Palazzo Querini Stampalia** 📖 **CS06 (D3)**, in dessen sehenswerter Gemäldegalerie selbst die Bildnisse von Bellini oder Querini den Commissario an seinen aktuellen Fall erinnern.

Die von Brunetti besonders geschätzte Darbringung im Tempel (Giovanni Bellini, Gemäldegalerie Querini Stampalia)

Der ermordete Bücherdieb und ehemalige Pfarrer Signor Franchini hat unter anderem aus der angeschlossenen Bibliothek im ersten Stock ein kostbares Werk entwendet.

Wir entfernen uns vom *Campo S. Maria Formosa* an dessen wasserabgewandter Längsseite neben der an einer Hauswand prangenden grünen Uhr durch die geschäftige *Calle Longa S. Maria Formosa*.

Nachdem wir fünf mehr oder weniger dünne Seitengassen links liegen gelassen haben, schlängeln wir uns zwischen den Hausnummern *6252* und *5178* links durch die schlauchartige *Calle Bragadin*.

Die Calle Longa S. Maria Formosa schneidet durch die Längsseite des Campo S. Maria Formosa.

Die originellste Buchhandlung Venedigs

In der Calle Bragadin 6264 kann, wer mag, in der urigen Buchhandlung *Acqua Alta* unter anderem in deutscher Literatur schmökern. Mit etwas Glück liegen auch Romane von Donna Leon und diesbezügliche Sekundärliteratur aus. Wir betreten den Laden durch den Hintereingang (Haupteingang: Calle Longa S. Maria Formosa) und befinden uns in einem Gesamtkunstwerk aus Gondeln, Booten und Badewannen, die als Regale für die Unmenge an antiquarischen sowie aktuellen Büchern dienen. Eine begehbare „Büchertreppe“ und der liebenswürdige polyglotte Besitzer samt verschmusten Katzen runden das Bild ab.

Vorbei an der Buchhandlung *Acqua Alta* befindet sich links am Fuss der *Ponte dei Conzafelzi* das Eckhaus Nummer *6258A* mit der **Wohnung von Professor Nava** 🎬 **CS07 (D3)**, aus der er des Nachts nach einer lautstarken Auseinandersetzung in den gemächlich dahinplätschernden Rio gestoßen wird. Oben von der Brücke sehen wir links unter uns den Wasserzugang, hinter dem das Verbrechen seinen verhängnisvollen Lauf nahm.

Wir werfen noch einen Blick nach rechts auf ein von drei Wasserläufen pittoresk eingerahmtes Gebäude mit der zweigeteilten **Ponte de l`Ospedaleto**, über die Kommissarin Griffoni mit ihrem Kollegen nach einem Krankenhausbesuch zurück zur Arbeit schlendert. Brunetti und Vianello erfreuen sich mit Hauptmann Marvilli von den Carabinierei an derselben Szenerie, allerdings von der linkerhand gelegenen, gemauerten **Ponte Minich** 📖 **CS08 (D3)** aus.

Nach der Brücke links und gleich wieder rechts durch den Sotoportego erspähen wir schon eine der roten Parkbänke, auf die wir uns zu bewegen und in die *Salizada S. Zanipolo* gelangen.

Wasserzugang der Wohnung von Professor Nava

Auf der Ponte dei Conzafelzi, links hinten die Ponte de l`Ospedaleto

Wir laufen die recht häufig ihren Namen wechselnde Salizada entlang nach rechts. Beim **Optiker** **CS09 (D3)** mit der Hausnummer *6368* verpasst Paola ihrem Guido eine neue sündhaft teure Brille.

Eine monumentale Kirchenfassade weiter rückt das **Pflegeheim** **CS10 (D3)**, Nummer *6691*, ins Sichtfeld. Hier wirkte nur für Gottes Lohn die so plötzlich verstorbene Signora Altavilla als gute Fee der erbarmungswürdigen Bewohner.

Fratze an der Kirchenfassade in der Nähe des Pflegeheims

Die abwechslungsreiche Gasse mit ihren vielen netten Läden, Werkstätten, Bars und Restaurants lenkt uns zum laut Brunetti „abgelegenen" *Campo de S. Giustina detto de Barbaria* mit seiner **Bar El Bacaro dal Doge** **CS11 (D3)**. Der Commissario quält sich hier durch ein fad schmeckendes Panino und ein zäh verlaufendes Gespräch mit der Vorsitzenden der Frauenschutzorganisation Alba Libera über die Problematik traumatisierter Frauen.

Ein paar Häuser rechts der Bar liegt der kleine Second-Hand-Kleiderladen, dessen Schaufenster der übelgelaunte Brunetti missbilligend mustert.

Kaum ein Tourist, außer uns wackeren Krimifans, gerät in dieses noch recht authentische Arbeiterviertel. Die hohe Dichte an Beerdigungsinstituten in der Gegend verrät auf drastische Weise die Nähe zum nahegelegenen Pflegeheim und Krankenhaus.

Hinter dem Klamottengeschäft geht es durch die enge *Calle Zon* über eine Brücke, die rechts den Blick auf die Ufertreppe des verlassenen **Campo S. Giustina** **CS12 (E3)** freigibt. Kanalreiniger entdecken in ihrem Rechen ein lebloses Mädchen und bergen an den Wasserstufen die grausige Fracht.

Auf dem Platz angekommen können wir frontal an dem schäbigen, grauweißen Gebäude mit den vielen Eingangstüren die historische Struktur venezianischer Wohnhäuser studieren. Direkt davor biegen wir in die winzige *Calle del Tedeum* nach links und am Ende rechts in die breitere *Calle S. Francesco.*

Türen, Türen, Türen

Ob ehemaliger Adelspalazzo oder sozialer Wohnungsbau – häufig eint die venezianische Hausarchitektur gestern wie heute dasselbe Grundmuster. Die eng beieinander stehenden Türen an den Gebäudefronten führen mittels eines verzweigten Wege- und Treppensystems separat zu den einzelnen Wohnungen. Den lieben Nachbarn muss man so nur an den unvermeidlichen Kreuzungspunkten der Zwischengeschosse oder im Innenhof begegnen. Wird ein Familienpalazzo in ein Mehrparteienhaus umgewandelt, bekommt auch hier jeder seine eigene Türe samt dazugehöriger Hausnummer.

Am Campo S. Isepo

Am Campo S. Giustina

Frontal erhebt sich die weiße tempelartige Fassade der Klosterkirche **S. Francesco de la Vigna CS13 (E3)**. Die Ordensschwester Immaculata erfleht hier göttlichen Beistand, während Brunetti mit dem Priester seiner Kindheit eher Albträume verbindet.

Im Haus Nummer *2787* rechts vor der Kirchenfassade befand sich bis zu seinem tragischen Ableben die **Wohnung des Katasterbeamten Signor Rossi CS14 (E3)**, der die Brunettis wegen ihrer vermeintlich illegal errichteten Wohnung in Angst und Schrecken versetzt hatte.

S. Francesco de la Vigna mit dem Haus von Signor Rossi rechts im Bild

Im **Kreuzgang des Franziskanerklosters 🎬 CS15 (E3)** muss sich der Commissario die Heucheleien des bigotten Padre Pio anhören, bis er ihn in die wohlverdiente Verbannung schicken darf.

Blick in einen der Kreuzgänge von S. Francesco de la Vigna

Es lohnt sich, die Kirche mit Werken von Veronese und Bellini und die beiden gotischen Kreuzgänge zu besichtigen. Diese erreicht man entweder durch die Seitenkapelle mit der Madonnendarstellung von Bellini. Oder man folgt links vom Kirchenportal der Beschilderung in Richtung *Convento* nach rechts. In der kontemplativen Stille des Ortes vermag man herrlich zu entspannen und die Seele baumeln zu lassen.

Seitlich des Kirchenschiffs erstreckt sich unübersehbar die markante Säulenhalle, durch die in den Filmen die Angestellten, Besucher oder Delinquenten rechts zur **Questura 🎬 CS16 (E3)** (s. S. 72) mit dem grünen, von einem mächtigen Wappen gekrönten Portal, Nummer *2785*, eilen (Die Innenaufnahmen der Questura wurden nicht hier, sondern unter anderem im Palazzo Stern und im Palazzo Zenobio gedreht, bei denen wir auf unserer Canal-Grande-Tour beziehungsweise unserem Spaziergang durch Dorsoduro vorbeikommen).

Der mittlerweile recht heruntergekommene Palazzo war ursprünglich Sitz der apostolischen Nuntiatur, der ständigen diplomatischen Vertretung des Heiligen Stuhls. Dank des Ganges oberhalb der Säulen konnten die päpstlichen Gesandten trockenen Fußes von ihren Gemächern in den damaligen Klosterkomplex einziehen.

Einer der Kreuzgänge von S. Francesco de la Vigna

Am Portal der Film-Questura

PARROCCHIA DI
S.FRANCESCO
CAMPO
S.FRANCESCO

Zwischen den Säulen hindurch begeben wir uns auf die Brücke über den *Rio de S. Francesco* und finden links am Ufer den **polizeilichen Bootsanleger 🎬 CS17 (E3)**. Dort wartete für gewöhnlich der getreue Bootsführer Bonsuan auf seinen Einsatz, bis er im Dienst sein Leben lassen musste.

Polizeilicher Bootsanleger vor dem Säulengang zur Questura

Nach der Brücke treffen wir auf ein intakt wirkendes Einheimischenquartier voller Alltagsatmosphäre mit vielen kleinen inhabergeführten Läden, familiären Handwerksbetrieben und alt eingesessenen Bars. Sogar das autonome *Jugendzentrum Morion*, unverkennbar mit seinen bunten Graffiti links am Eck, hat im Viertel eine Bleibe gefunden.

Die steinerne Madonna mit Kind auf der jenseitigen Mauer wacht über das muntere Treiben. Unter ihren Augen spazieren wir rechts in die *Salizada S. Giustina* und passieren den „Tante-Em-

ma-Supermarkt" *Alimentari Ortis*, hinter dem wir uns links in die *Calle Zorzi* wenden.

In der anschließenden „Durchgangskapelle" mit der Kassettendecke wird die Schutz bringende Heilige Maria verehrt.

Heilige Maria, bitte für uns

Eine Inschrift am Sotoportego des Corte Nova besagt, dass die Jungfrau Maria die Anwohner seit dem 17. Jahrhundert immer wieder vor Seuchen und Katastrophen sowie einem Bombenangriff im Ersten Weltkrieg verschont hat. Der auffallende rote Marmorstein wurde anlässlich der großen Pestepidemie im Jahre 1630 zum Gedenken an die Wundertat Mariens ins Pflaster eingelassen und soll beim Betreten Glück bringen. Noch heute versammeln sich die Bewohner im Sotoportego regelmäßig zum Rosenkranz.

Nach dem Sotoportego geht es nach rechts durch den *Corte Nova*, wo vor dem nächsten Durchgang rechts im Eck wieder einmal eines der vielen steinernen Antipissoirs (s. Pinkeln verboten, S. 19) installiert ist. Über die Brücke und links am Rio den Bogengang entlang biegen wir hinter dem *Supermarkt Punto* rechts ab.

Zwischen Wohnhäusern, die den Luxus eines kleinen Vorgartens aufweisen, und der Supermarktwand folgen wir der Calle auf den großzügigen **Campo S. Lorenzo** 🕮 **CS18 (D3)**. Auf

Links der Chiesa di S. Lorenzo befindet sich das Altenheim.

den Parkbänken genießen bei schönem Wetter die Bewohner des *Seniorenheims* die Sonnenstrahlen und ahnen nicht, welches Bedauern ob ihres Lebens in staatlicher Obhut sie regelmäßig bei Commissario Brunetti auslösen.

Der sieht nämlich von seinem Bürofenster im obersten Stock über den *Rio S. Lorenzo* auf den Campo mit dem Heim und der *Chiesa di S. Lorenzo,* deren schmucklose Fassade jahrzehntelang eingerüstet war und mittlerweile renoviert wurde. Der Kircheninnenraum bleibt wohl für immer eine Ruine, auch wenn bisweilen ein Teil als Ausstellungsfläche für die Kunstbiennale zugänglich gemacht wird.

Bevor wir den Rio überqueren, verweilen wir einen Moment auf der Brücke und lassen den Blick über das Wasser nach Süden zu einem beliebten Fotomotiv, dem unglaublich schiefen weißen Kirchturm der *Chiesa dei Greci* schweifen.

Nicht nur Pisa ...

... kann mit einem schiefen Kirchturm aufwarten. Venedig hat und hatte derer eine ganze Reihe. Am spektakulärsten war der Einsturz des überschiefen Campanile auf dem Markusplatz im Jahr 1902, der bald darauf wieder originalgetreu aufgebaut wurde. Neben den drei venezianischen Kirchtürmen von S. Pietro di Castello, S. Stefano (sehr gut vom Campo S. Anzolo aus zu sehen) und der Chiesa dei Greci springt förmlich der Glockenturm der Chiesa S. Martino auf Burano ins Auge, der es leicht macht, die Insel in der nördlichen Lagune schon von Venedig her zu erkennen.

Vier der schiefsten Kirchtürme Venedigs: Die Chiesa dei Greci, S. Pietro di Castello, S. Stefano und S. Martino auf Burano

An der *Fondamenta S. Lorenzo 5053* vor uns steht nun unübersehbar das Dienstgebäude der *Polizia di Stato,* in dem in den Romanen die **Questura** 🕮 **CS19 (D3)** beheimatet ist. Die Büros von Vice-Questore Patta und seiner attraktiven Sekretärin Signorina Elettra liegen im zweiten Stock. Elettra kann als Einzige in der Questura mit den neuen Medien umgehen und knackt die geheimsten Daten. Ihr Chef hingegen taugt eher zum Repräsentieren oder perfektioniert die Kunst des Müßiggangs. Die eigentliche Arbeit erledigen das bewährte Team Brunetti und sein Assistent Vianello.

Die Roman-Questura

Wir lassen die *Questura* rechts liegen und schlendern die *Fondamenta S. Lorenzo* weiter auf eine Brückenkreuzung zu, unter der von rechts der *Rio de l'Osmarin* in unseren *Rio S. Lorenzo* mündet.

Am gegenüberliegenden Ufer des *Rio de l'Osmarin* verlocken die großen Schaufenster der **Crazy Bar** 🕮 **CS20 (D3)** dazu, sich in der „Bar an der Brücke" auf ein Tramezzino oder Panino einzustellen. Nur einen Katzensprung von der Questura entfernt, treffen sich die Mitarbeiter gerne bei dem freundlichen senegalesischen Barmann auf einen Caffè oder einen Ombra und futtern die enorme Sandwichauswahl rauf und runter. Lediglich Patta wurde hier noch nie gesichtet, was einem entspannten Beisammensein seiner Untergebenen gewiss zuträglich ist.

Un' ombra per favore – Weshalb man in Venedig "Schatten" bestellt

Die wahrscheinlichste Erklärung für die venezianische Bezeichnung „Ombra" (wörtlich „Schatten") für ein kleines Glas Wein lautet: Um den Wein kühl zu halten, wanderten die Verkäufer, die keinen eigenen Laden hatten, auf der Piazza S. Marco im Laufe des (sonnigen) Tages mit dem Schatten und ihren Weinfässern um den Campanile.

Die Venezianer trinken gerne schon mittags ihren ersten Ombra, auf den im Lauf des Tages noch mehrere folgen können.

Ombra mit Cichetti (Foto: Stefan Schwegmann)

Unser Weg führt aber nicht in die Bar sondern links über die *Ponte dei Greci* durch die *Calle de la Madona*.

Am nächsten Eck versteckt sich rechts die **Trattoria Da Remigio** 🕮 **CS21 (D3)** mit der hübsch gestalteten Fassade. Brunettis Mittagspause fällt mit Meeresfrüchtesalat und Seeteufel in Tomatensauce zu einem Viertelliter Weißwein vermutlich etwas länger aus, als in seinem Arbeitsvertrag vorgesehen.

Ausgehend vom *Da Remigio* beginnt die wieder lebhaftere *Salizada dei Greci*, der wir über den *Rio de S. Antonin* folgen. Wir bummeln durch die gemütliche einheimische Geschäftsstraße *Salizada S. Antonin*, in der sich gegenüber der gleichnamigen Kirche ein besonderer Kleider- und Taschenladen für Damen befindet: Im *Banco-Lotto-N° 10* bietet die gemeinnützige Organisation Il Cerchio raffinierte Einzelstücke, historische Gewänder und Accessoires an, angefertigt von den Insassinnen des Frauengefängnisses der Giudecca.

Am Ende des Wegs schließt sich rechts der beschauliche **Campo Bandiera e Moro** 🕮 **CS22 (E3)** mit seinen schattigen Bänken unter Bäumen und einer kleinen indigenen Bar an. In dem roten Backsteinhaus Nummer *3810* neben der *Chiesa S. Giovanni Battista in Bragora* beschloss der stramme Notaio Filipetto seinen Lebensabend, um in der Grablege nebenan die letzte Ruhe zu finden. Viele Kunstwerke kann er dort nicht mehr betrachten, da diese weiland von einem geschäftstüchtigen Priester gewinnbringend veräußert worden waren.

Campo Bandiera e Moro mit der Kirche, dem Haus von Filipetto daneben und am rechten Bildrand dem Haus mit der pivaten Pflegestation

Mehr vom Geist des Evangeliums verstand da wohl Signora Altavilla, die nur drei Häuser weiter auf einer **privaten Pflegestation** 🕮 **CS23 (E3)** im Haus Nummer *3805* selbstlos die Not ihrer Zöglinge zu lindern versuchte.

Zwischen den Hausnummern *3814* und *3811* biegen wir links der Kirche in die *Calle de Crosera* und flanieren an der kleinen gebogenen Restaurantmeile auf den *Campiello de la Pescaria*, wo sich neben vielen anderen das Slow-Food-**Ristorante Al Covo** 🕮 **CS24 (E3)** anbietet. Seine Gattin ist dem Commissario lieb und teuer, deshalb zuckt er mit keiner Wimper, als Paola das gehobene Restaurant für ihr gemeinsames Dinner zu zweit auserwählt.

Schräg links gegenüber vom *Al Covo* treffen wir auf die *Calle del Cagnoleto* mit dem deutlichen Hinweisschild auf öffentliche Duschen („Alle Docce Pubbliche"), in die wir links und mit dem Wegverlauf gleich wieder rechts gehen. Bei der Toilettenanlage biegen wir links in die *Calle Erizzo* und laufen mit ihr im stumpfen Winkel über einen Rio und erneut links an der Fondamenta zur *Chiesa S. Martino*. Wir umrunden die Kirche, bis wir am *Campo S. Martino* vor dem Portal stehen.

Der Mercatino daneben versorgt die bedürftigen Bewohner des Viertels mit gebrauchter, aber gut erhaltener Kleidung.

Rechts vom Kircheneingang prangt ein sogenannter Bocca di Leone an der Fassade.

Die Fondamenta bringt uns entlang mehrerer Privatbrückchen zum großartigen *Campo de l'Arsenal*.

Löwenmäuler

Löwenmaul an S. Maria della Visitazione

Die Kirchenfassaden von *S. Martino in Castello* und *S. Maria della Visitazione* in Dorsoduro sind mit einem sogenannten **Bocca di Leone**, einem Beschwerdebriefkasten in Form eines Löwenmauls versehen.

Löwenmaul an S. Martino

Die Bürger der alten Republik Venedig konnten hier ihre schriftlichen Anzeigen einwerfen, deren vertrauliche Behandlung garantiert wurde. Anonyme Meldungen wurden allerdings nur in gravierenden Fällen bearbeitet.

Rechts am Eck, wo sich der Uferweg zum Campo öffnet, wird Brunetti am Tresen der **Bar Arsenale** **CS25 (E3)** von dem aufgeregten Juwelier Stein über den wahren Wert seiner konfiszierten Diamanten aufgeklärt. Ferner erfährt er bei einem eiligen Morgenkaffee vom plötzlichen Tod der Signora Captain Peters.

Campo de l'Arsenal mit dem Landzugang zum Arsenale, der Bar Arsenale unter der grünen Markise und dem Da Paolo links daneben

Wem die Auswahl in der Bar nicht genügt, kann sich nebenan in der **Trattoria Da Paolo** **CS26 (E3)** gütlich tun. Der Commissario und sein Schwiegervater Conte Falier kehren gelegentlich dort ein. Ihre Gesprächsthemen sind delikat, und als der Conte an Brunettis Eheleben rührt, reagiert der selbige ungewöhnlich emotional.

Die Hauptattraktion des Platzes ist zweifellos der Landzugang zum **Arsenale** **CS27 (E3)** mit den bizarren Löwenstatuen, hinter dessen festungsartigen Gemäuern (nur im Film!) die straff geführte und von Todesfällen heimgesuchte Militärakademie angesiedelt ist. Im eigentlich nicht zugänglichen Teil der Anlage wird der um Gnade winselnde „Tigermann" drakonischen Strafmaßnahmen unterzogen und erst in letzter Sekunde von Brunetti und Vianello erlöst.

Während der Biennale und anderen Veranstaltungen werden einige der leerstehenden Gebäude als Ausstellungshallen genutzt. Ansonsten bleibt dem interessierten Zivilisten der Zugang des zum Teil noch militärisch genutzten Arsenals leider verwehrt.

Von der hohen *Ponte de l'Arsenal* bekommt man den besten Eindruck über das Gebiet der zu Zeiten der Serenissima größten Schiffswerft Europas.

Die Holzbrücke befördert uns zur *Fondamenta de l'Arsenal,* an der wir bei dem säulenbestandenen *Circolo Ufficiali Marina Militare,* Nummer *2168,* links in den langgezogenen *Campo de la Tana* einbiegen. Während der Biennale kann es hier etwas eng werden, weil wir den Eingang zum Ausstellungsgelände passieren. Wir folgen dem Wegverlauf nach rechts über die *Ponte de la Tana* und sehen von der Brücke geradewegs in das Nadelöhr der *Calle del Forno,* die als Stichweg zur *Via Garibaldi* fungiert.

Auf der davorliegenden **Fondamenta de la Tana** 🕮 **CS28 (E4)** hat der in Castello aufgewachsene Brunetti schon als Kind gespielt.

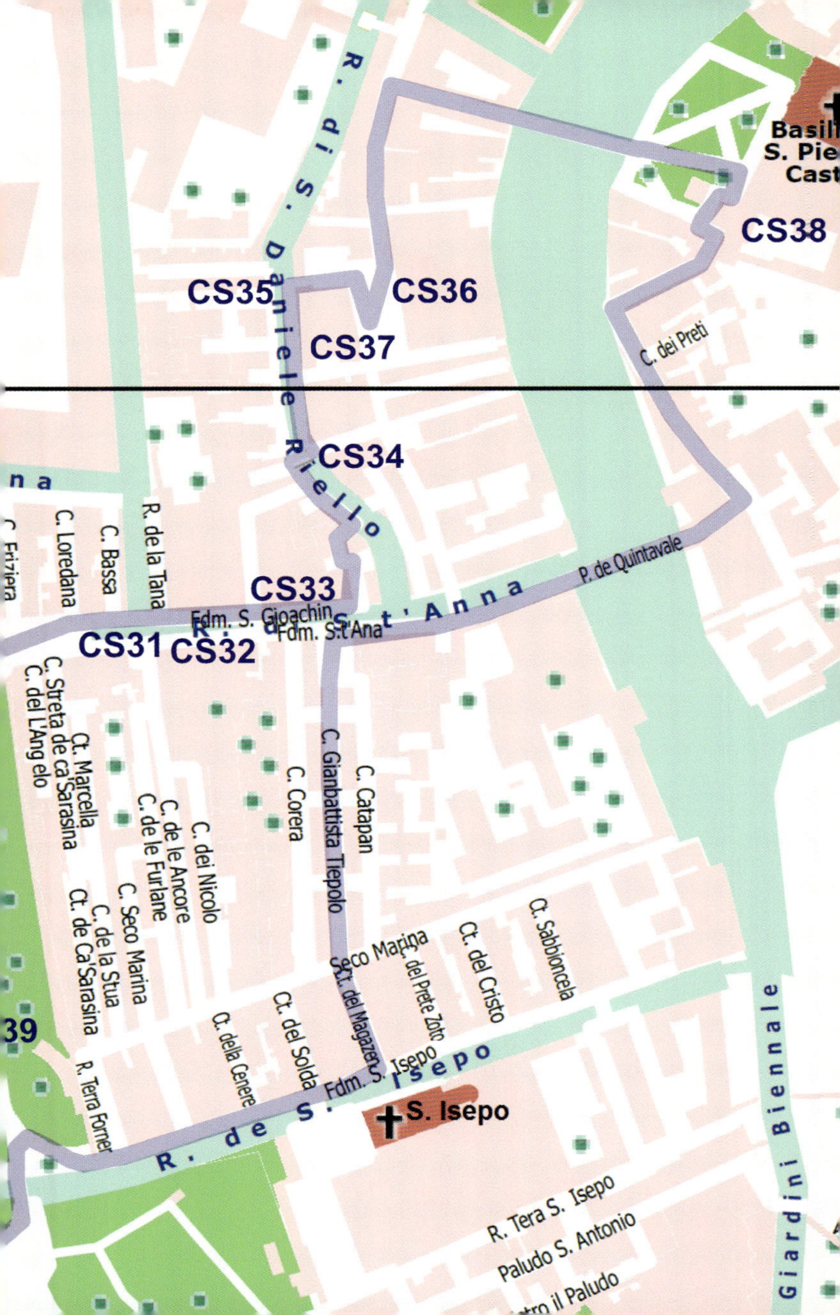
Basili
S. Pie
Cast
CS38
CS35
CS36
CS37
C. dei Preti
R. di S. Daniele Riello
CS34
CS33
Fdm. S. Gioachin
Fdm. S.t'Ana
R. de S.t'Anna
P. de Quintavale
CS31
CS32
C. Loredana
C. Bassa
R. de la Tana
C. Streta de ca'Sarasina
C. del L'Ang elo
Ct. Marcella
C. de le Ancore
C. de le Furlane
C. dei Nicolo
C. Corera
C. Gianbattista Tiepolo
C. Catapan
Ct. Sabbioncela
Ct. del Cristo
C. del Prete Zoto
Seco Marina
Ct. del Magazen
C. Seco Marina
C. de la Stua
Ct. de Ca'Sarasina
Ct. del Solda
Ct. della Cenere
39
R. Terra Forner
Fdm. S. Isepo
R. de S. Isepo
S. Isepo
R. Tera S. Isepo
Paludo S. Antonio
Giardini Biennale

Links die Mauer des Arsenale, rechts die Fondamenta de la Tana

Im Zickzack quetschen wir uns durch die *Calle del Forno*, bis sich am Ende unvermutet die breite Flaniermeile *Via Garibaldi* mit vielen am täglichen Bedarf orientierten Einkaufsmöglichkeiten auftut. Hier existiert noch ein gesundes Verhältnis von Touristen zu Ortsansässigen, die Bewohner treffen sich zum allabendlichen Bummel, und die Kinder nutzen die lange Via ohne Brückenunterbrechung zum Roller- oder Radfahren. Die Hektik der zentralen Geschäftsstraßen ist weit entfernt. Wir schlendern die *Via Garibaldi* entlang nach links und sollten immer wieder einen Blick in die Seitengässchen werfen, wo zu jeder Jahreszeit zwischen den Häusern gespannte Wäsche im Wind flattert.

In der **Bank** 🕮 **CS29 (F4)**, Nummer *1336*, hebt Vianellos alte Tante zum wiederholten Mal einen großen Batzen Geld ab, so dass der Direktor heimlich ihren Neffen informiert, der eine Polizeistreife auf die Fährte der Signora ansetzt.

Kurz danach, noch vor der rechts abzweigenden *Parkallee Viale Garibaldi* mit dem Monument des verehrten Nationalhelden erreichen wir das **Il Nuovo Galeon** 🕮 **CS30 (F4)**. Bei einem Cappuccino mit Milchschaum in Herzform versucht der aufgebrachte Nachtwärter Tassini den Commissario von einem ungeheuerlichen Umweltskandal in seiner Glasbläserei zu überzeugen, der ursächlich für die Behinderung seiner kleinen Tochter gewesen sein soll.

Abrupt geht die Via nur von einer Brüstung getrennt in den *Rio S. Anna* über, der mit den beiden malerischen Uferwegen die Fortsetzung unseres Spazierganges bildet.

Übergang vom Rio S. Anna in die Via Garibaldi

An der rechten Fondamenta ankert eines der beiden **Obst- und Gemüseschiffe 🎬 CS31 (F4**) Venedigs. (Dem anderen Verkaufsschiff begegnen wir auf unserem Dorsoduro-Spaziergang nahe dem Campo S. Barnaba.) Entzückt über sein ausnahmsweise nicht schreiendes Söhnchen erledigt Vianello entspannt diverse Einkäufe, doch als der kleine Federico den Commissario erblickt, ist es mit der Ruhe vorbei.

Wir wählen für den Weiterweg die linke Fondamenta mit netten kleinen Häuschen und gemächlich im Wasser schaukelnden Booten.

Ein paar Türen weiter wohnt an der gegenüberliegenden Fondamenta im Haus Nummer *999* **Adele Marzi 📖 CS32 (F4)**, die ehemalige Geliebte des bis zu seinem Tod ganz in der Nähe lebenden Signor Franchini.

Direkt vor der nächsten Brücke an unserer **Fondamenta S. Gioachino 🎬 CS33 (F4)** wirft oben von der weiß getünchten ehemaligen Kirche ein über die Dächer flüchtender Ganove wertvolles Beweismaterial in den friedlichen Rio. Die unglückliche Signora Ruffolo weint derweil um ihren für immer verlorenen Sohn.

Blick von der Fondamenta S. Gioachino zum Haus von Adele Marzi

Am Ende der Promenade schlüpfen wir durch den *Sotoportego drio el Forner* und weiter im Zickzack durch die gleichnamige Gasse. Im Anschluss daran verbirgt sich ein wunderschöner, verträumter Rio mit bunten Booten und über das Wasser gespannten Wäscheleinen. Vom Trubel der Stadt ist schon lange nichts mehr zu spüren. Wenn überhaupt, begegnet man hier vorwiegend der hiesigen Bevölkerung.

Auf der kleinen **Ponte Rielo** **CS34 (F4)**, die wir hoffentlich unbehelligt überqueren, entgeht der nichts ahnende Afrikaner Nando erneut nur knapp einem Anschlag.

Unter Arkaden links weiter am Rio entlang stehen wir bald dem **Campazzo de l'Erba** **CS35 (F3)** am anderen Ufer gegenüber. In dem großen, relativ neuen Gebäude mit dem unverwechselbaren Treppenaufgang lebt Nandos Schwester Zaina, die ihrem verwundeten Bruder Obdach gibt, bevor sie selbst in die Schusslinie gerät.

Ponte und Rio Rielo

PONT
CALLE

Das Haus aus dem Jahr 1890 gilt als Musterbeispiel für die Anforderungen der Industrialisierungszeit: Unten war eine Gießerei eingerichtet und in den oberen Stockwerken wohnten deren Arbeiter, so dass Wohnungen und Arbeitsplätze eine Einheit bildeten.

Rechts weg vom Rio bringt uns die *Calle del Figareto* über den gleichnamigen Campo zum menschenleeren *Campo Ruga*.

Frontal sehen wir das Haus Nummer *333*, mit der **Wohnung von Aldo Franchini 🕮 CS36 (F3)**. Der ehemalige Priester treibt es mit seiner Gier und dem Raub wertvoller Bücher zu weit und wird in seiner Wohnung brutal zu Tode gequält. Auf der Bank davor entlockt Commissario Brunetti dem in Tränen aufgelösten Bruder behutsam Informationen über den vom rechten Weg abgekommenen Aldo Franchini.

Viele Türen führen zu Franchinis Haus, s. Türen, Türen, Türen, S. 68

Bei einem Caffè vor der **Trattoria Alla Nuova Speranza CS37 (F3)** verplaudern Brunetti und Vianello ihre Zeit in gespannter Erwartung schwarzafrikanischer Straßenhändler, die sie zu Recht in der Gegend vermuten.

Bei Haus Nummer *128* biegen wir in die breite *Salizada Streta* ein, die ihren Namen wahrlich nicht verdient und in einer leichten Biegung durch das einfache Wohnviertel verläuft.

Das beeindruckend schiefe Fundament des Kirchturms von S. Pietro di Castello

Wir steuern auf die Ziegelsteinmauer des Arsenals zu und biegen davor scharf nach rechts in die letzte Gasse ein, wo schon der Inselkirchturm in unser Sichtfeld kippt. Im breiten *Canal de S. Piero* wechseln sich anmutige kleine Bootswerften mit Miniaturhäfen ab. Unverkennbarer Blickfang beim Bummeln über die Brücke bleibt der sich bedenklich neigende weiße Campanile der einstigen Bischofskirche *Basilica di S. Pietro.*

In Verlängerung der Brücke hinter dem Durchlass muss sich Brunetti im ehemaligen **Kreuzgang CS38 (F3)** mit dem scheinheiligen Padre Pio auseinandersetzen. Der im Lauf der Zeit pittoresk verwitterte Bogengang wird mittlerweile ganz profan als Innenhof genutzt.

Auf dem begrünten Kirchplatz kann man unter Bäumen wunderbar ausruhen, picknicken und den Booten beim Dümpeln zusehen.

Rio und Fondamenta S. Isepo

Weiter auf der einsamen Insel geht es nach dem Kirchturm in die *Calle dietro il Campaniel*, deren Verlauf wir zum Wasser und nach links zwischen Häusern hindurch folgen. Die erste mögliche Gasse rechts bringt uns über die Brücke zurück aufs „Festland“, wo gewagte, horizontal in die Hausmauern getriebene Konstruktionen zum Wäschetrocknen hervorstechen. Am *Rio de S. Anna* gelangen wir zum *Campiello Correra*, in den wir links einbiegen und in dessen Verlängerung sich die straßenbreite *Calle Gianbattista Tiepolo* mehr oder weniger geradeaus durch ein typisches Castello-Wohnviertel zieht. Dabei überqueren wir die etwas belebtere *Seco Marina* mit Einkehrmöglichkeiten und gelangen durch den *Corte del Magazen* auf die *Fondamenta S. Isepo*, benannt nach der gegenüberliegenden Kirche.

Am Rio rechts entlang finden wir über der Brücke auf dem Kirchplatz anhand des freistehenden Wohnhauses vis à vis mit seinen zwei mal drei dicht beinander liegenden Eingangstüren ein weiteres anschauliches Beispiel für den venezianischen Wohnungsbau (s. Türen, Türen, Türen, S. 68).

Weiter auf unserer Fondamenta betreten wir schließlich geradeaus durch eine Backsteinpforte die Parkallee **Viale Garibaldi** 🕮 **CS39 (F4)** an ihrem südlichen Ende. Auf einer der schattigen Parkbänke schlägt der hitzige Ex-Lebensgefährte von Signora Marzi seinen Widersacher in Liebesdingen, Aldo Franchini, krankenhausreif.

Rechter Hand fällt das Café im Gewächshaus, *Caffè La Serra*, in dem dekorativen, verglasten Jugendstilgebäude ins Auge. Gegenüber befindet sich ein Ableger der venezianischen Keramiker-Innung. Falls geöffnet ist, lohnt sich eine Stippvisite. Der sympathische Inhaber erklärt bereitwillig die verschiedenen Töpfertechniken.

Caffè sospeso im Gewächshaus

In dem ursprünglich im Jahre 1894 für die Biennale errichteten Gewächshaus mit dazugehörigem Garten betreibt seit 2010 die gemeinnützige sozial-ökologische Organisation Nonsoloverde das behagliche Caffè La Serra und gibt damit ehemals drogenabhängigen Menschen eine Beschäftigungsmöglichkeit. Es dient gleichzeitig als Begegnungsstätte für die Bewohner des Viertels, in der vom Yogakurs für Schwangere bis hin zu Slow-Food-Seminaren allerlei geboten wird. Natürlich werden auch weiterhin Pflanzen gezüchtet und neben Biolebensmitteln sowie nützlichen Accessoires diverser sozialer Organisationen im Ladencafè vertrieben.

Besondere Erwähnung verdient der aus Neapel stammende und im La Serra praktizierte Brauch des Caffè sospeso. Wer möchte, zahlt zwei Caffè und trinkt nur einen, der andere wird bei Bedarf an einen Bedürftigen ausgegeben. Auf einer Schiefertafel notiert die Belegschaft, wie viele „aufgeschobene" Tassen Caffè momentan vorrätig sind.

Wir laufen nach links über den Rio auf die südliche Lagune und den *Anleger Giardini* zu. Im Wasser taucht frontal die *Isola S. Servolo* mit ihrer Doppelturm-Kirche und dahinter der *Lido* auf. Linkerhand erstrecken sich die von Napoleon in Auftrag gegebenen *Giardini*, in denen sich das etwas verwilderte Biennale-Gelände mit seinen im Park verteilten Länderpavillons verbirgt.

Genüsslich schlendern wir entlang der ausgedehnten sonnigen *Riva dei Sette Martiri* mit Traumblick auf das einzigartige Panorama Venedigs nach rechts über eine Brücke. Zwischen zwei Grünanlagen fällt eine bescheidene zweistöckige Gebäudezeile auf, die durch zwei hohe Torbögen durchbrochen ist.

In der **Wohnung von Signora Ruffolo CS40 (E4)** links im Haus Nummer *1454* des zweiten Sotoportego serviert die Dame des Hauses dem Commissario seinen Lieblingscaffè, aber nur, wenn Signora gut gelaunt ist.

Im Eckhaus rechts wohnte bis zu ihrem Tod die Hündin Poppi.

Bei der nächsten Brücke sollten wir uns für einen Moment von dem berauschenden Anblick der Serenissima losreißen und einen Blick in die *Via Garibaldi* werfen. Rechts im Gebäude Nummer *1642* wurde in der **Anwaltskanzlei der Signora Marieschi** 🕮 **CS41 (E4)** die unschuldige Hündin Poppi grausam aus dem Leben gerissen.

Diese letzte Brücke will noch erklommen sein, um die Exkursion dahinter in der perfekt gelegenen **Bar Angiò** 🎬 **CS42 (E4)** wohlverdient ausklingen zu lassen. Vianello tröstet sich hier nach fruchtloser Befragung der unkooperativen Avvocatessa Marieschi mit einem leckeren Tiramisu, währenddessen der Commissario griesgrämig in die Röhre guckt.

Zum Startpunkt der San-Marco-Tour promenieren wir weiter auf der sich mehr und mehr bevölkernden *Riva degli Schiavoni* und passieren entlang der Luxusherbergen das **Hotel Paganelli** 🕮 **CS43 (D3)**, Nummer *4182*. In der feinen Unterkunft mit Exklusivblick logiert das amerikanische Ärzteehepaar, das den Mord an einem schwarzafrikanischen Straßenhändler mit ansehen muss.

Vorbei an der *Seufzerbrücke* und dem *Dogenpalast* erreichen wir schließlich die überwältigende *Piazza di S. Marco*. Wer seinen Geldbeutel nicht schonen muss, kann die Tour natürlich auch stilvoller dort im *Caffè Florian* oder *Gran Caffè Quadri* beschließen, die wir im Spaziergang durch S. Marco näher beschreiben.

Die Seufzerbrücke

*Blick von der Riva degli Schiavoni auf die
Punta della Dogana und die Chiesa Madona de la Salute*

Tour 3: San Marco

2 Stunden

Markusplatz, Nähe Anleger S. Marco oder S. Zaccaria (D3)

Gelateria Paolin, Campo S. Stefano, Nähe Anleger Accademia (C3)

Den grandiosen Auftakt unserer Tour durch das vornehme S. Marco bilden der Dogenpalast und der laut Napoleon schönste Salon Europas, die Piazza S. Marco. Auf Schleichwegen kreuzen wir die noblen Einkaufsmeilen mit ihrem luxuriösen Waren- und Hotelangebot und passieren auf dem Weg zum eindrucksvollen Essemble des Campo S. Stefano das weltbekannte Opernhaus La Fenice.

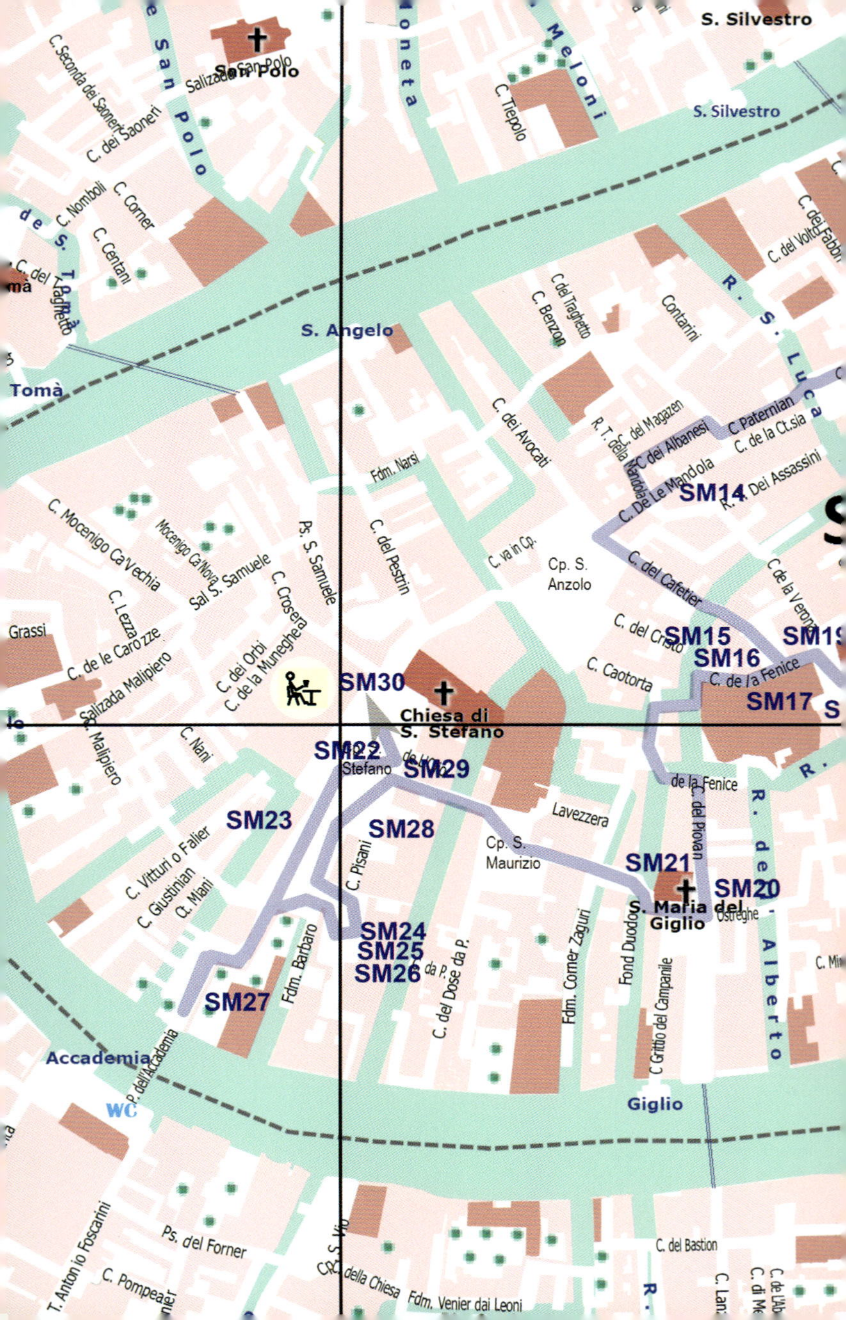

S. Silvestro
San Polo
Salizada S. Polo
C. Seconda dei Saoneri
C. dei Saoneri
C. Nomboli
C. Corner
C. Centani
C. del Traghetto
Tomà
C. Tiepolo
S. Silvestro
S. Angelo
C. del Traghetto
C. Benzon
Contarini
C. del Volto
R. S. Luca
C. dei Avocati
C. del Magazen
C. dei Albanesi
C. Paternian
C. de la Ct.sia
C. De Le Mandola
SM14
R. T. Dei Assassini
Fdm. Narsi
C. Mocenigo Ca'Vechia
Mocenigo Ca'Nova
Sal S. Samuele
Ps. S. Samuele
C. del Pestrin
C. va in Cp.
Cp. S. Anzolo
C. del Cafetier
C. de la Verona
Grassi
C. Lezza
C. de le Carozze
Salizada Malipiero
C. Crosera
C. dei Orbi
C. de la Muneghea
C. del Cristo
SM15
SM16
C. de la Fenice
C. Caotorta
SM30
Chiesa di S. Stefano
SM17
C. Nani
SM22
Stefano
SM29
de la Fenice
C. del Piovan
SM23
SM28
Lavezzera
Cp. S. Maurizio
SM21
SM20
S. Maria del Giglio
C. Vitturi o Falier
C. Giustinian
Ct. Miani
C. Pisani
Ostreghe
SM24
SM25
SM26
Fdm. Barbaro
C. del Dose da P.
Fdm. Corner Zaguri
Fond Duodo
C. Gritti o del Campanile
R. de Alberto
SM27
Accademia
P. dell'Accademia
WC
Giglio
Ps. del Forner
T. Antonio Foscarini
C. Pompeani
Cp. S. Vio
C. della Chiesa
Fdm. Venier dai Leoni
C. del Bastion

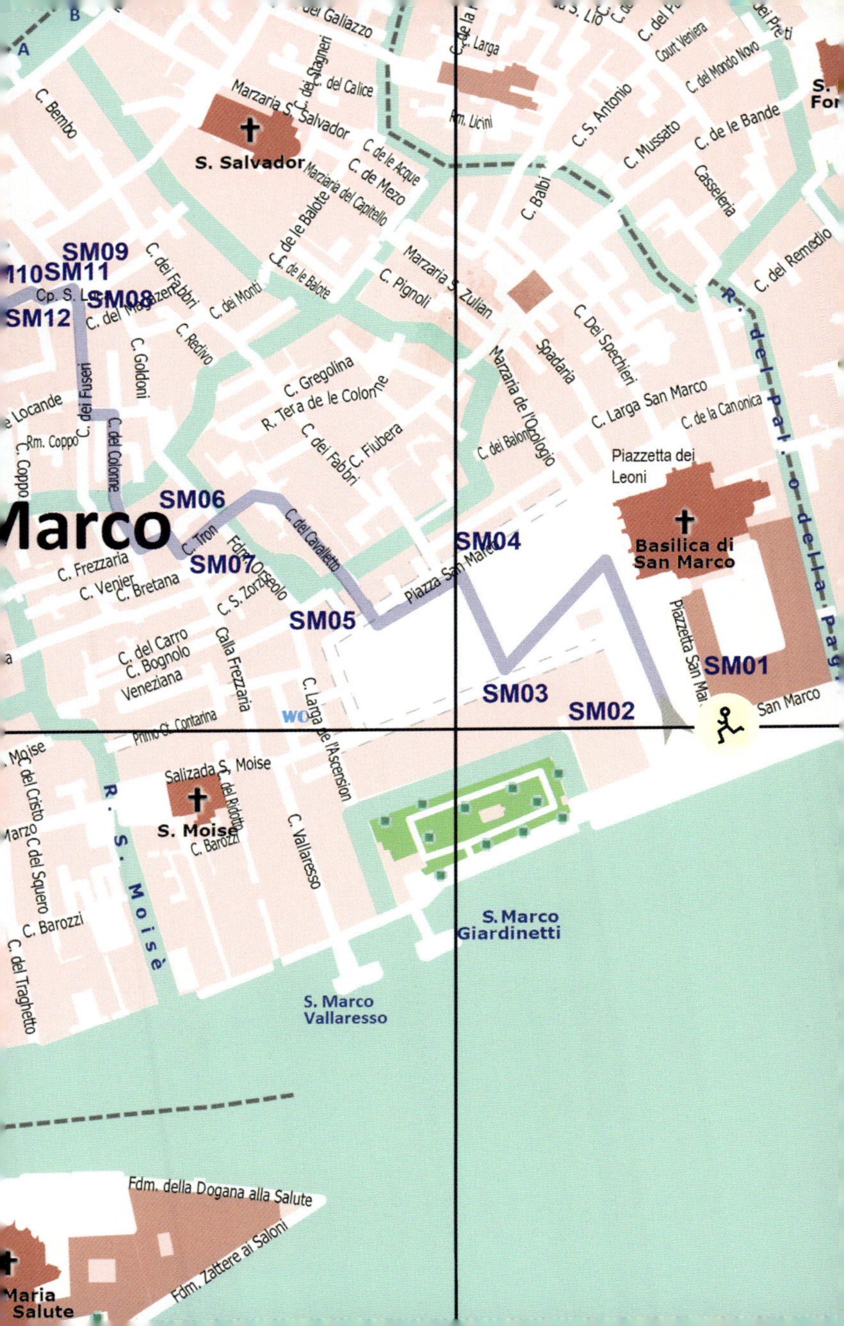

S. Salvador
Marzaria S. Salvador
C. Bembo
C. dei Stagneri
C. del Calice
C. de le Acque
C. de Mezo
Marzaria del Capitello
C. de le Balote
C. de le Balote
C. Larga
Rm. Licini
C. S. Antonio
C. Mussato
C. de le Bande
Casseleria
Court Veniera
C. del Mondo Novo
C. Balbi
C. del Remedio
SM09
SM11
SM08
SM12
C. dei Fabbri
C. dei Monti
C. Pignoli
Marzaria S. Zulian
C. Redivo
C. Goldoni
C. dei Fuseri
C. del Colonne
Rm. Coppo
C. Coppo
C. Gregolina
R. Tera de le Colonne
C. dei Fabbri
C. Fiubera
Marzaria de l'Orologio
Spadaria
C. Dei Spechieri
C. Larga San Marco
C. de la Canonica
C. dei Baloni
Piazzetta dei Leoni
Basilica di San Marco
SM06
Marco
C. Tron
SM07
C. Frezzaria
C. Venier
C. Bretana
C. del Cavalletto
SM04
Piazza San Marco
SM05
C. del Carro
C. Bognolo
Veneziana
Calla Frezzaria
C. Larga de l'Ascension
SM03
SM02
SM01
Piazzetta San Marco
San Marco
Salizada S. Moise
S. Moise
C. del Ridotto
C. Barozzi
C. Vallaresso
C. del Cristo
C. del Squero
C. Barozzi
C. del Traghetto
R. S. Moisè
S. Marco Giardinetti
S. Marco Vallaresso
Fdm. della Dogana alla Salute
Fdm. Zattere ai Saloni
Maria Salute

Unser dritter Spaziergang beginnt auf der *Piazzetta di S. Marco* prompt mit einem spektakulären Mord im **Dogenpalast** 📖 **SM01 (D3)**. Der angesehene Museumsdirektor Semenzato überlebt seine Geheimkontakte zum Syndikat des Antiquitätenhandels bedauerlicherweise nicht.

Im gediegenen Lesesaal der **Biblioteca Marciana** 📖 **SM02 (D3/4)** vis à vis des *Palazzo Ducale*, versucht Brunetti erfolglos, die krude Gedankenwelt des katholischen Geheimbundes Opera Pia zu begreifen.

Auf der Piazzetta di S. Marco: Links der Dogenpalast (Palazzo Ducale), rechts die Biblioteca Marciana

Wir bummeln zwischen dem *Campanile* und der weltberühmten *Basilica di S. Marco* nach links über die einzigartige *Piazza di S. Marco*.

Die Wanne ist voll - Aqua Alta durchspült die Stadt

Acqua Alta, das den Markusplatz unter Wasser setzt, ist für die Einheimischen lästig, für die Touristen jedoch ein beeindruckendes Schauspiel.

Der Gezeitenhub in Venedig beträgt im Normalfall kaum mehr als einen halben Meter, kann in den Wintermonaten aber auch beträchtlich höher steigen.

Ab einem Wasserstand von 80 cm (Die Zahl bezieht sich auf die mareographische Null, gemessen nahe der Punta della Dogana bei der Chiesa Madona de la Salute) spricht man von Acqua Alta – Hochwasser.

Das Wasser tritt an den tieferen Stellen über die Ufer und quillt zum Beispiel auf dem sehr niedrig gelegenen und deshalb häufig von Acqua Alta betroffenen Markusplatz aus den Gullis. Ein Wasserpegel von 95 cm beeinträchtigt breits den Vaporetto-Verkehr im Canale di Cannaregio, und die Passanten müssen mit nassen Füßen rechnen.

Für die höheren Fluten hält die Stadtverwaltung ein Netz an Laufstegen, sogenannte Passerelle, bereit und gewährleistet damit eine trockene Passage zu den wichtigsten Vaporetto-Anlegern und den Haupt-Sehenswürdigkeiten. Andere Gassen und Plätze sind jedoch nur in Gummistiefeln, beziehungsweise in den flächendeckend angebotenen einfachen Überziehstiefeln aus verstärkter Plastikfolie (circa 10 Euro pro Paar) passierbar.

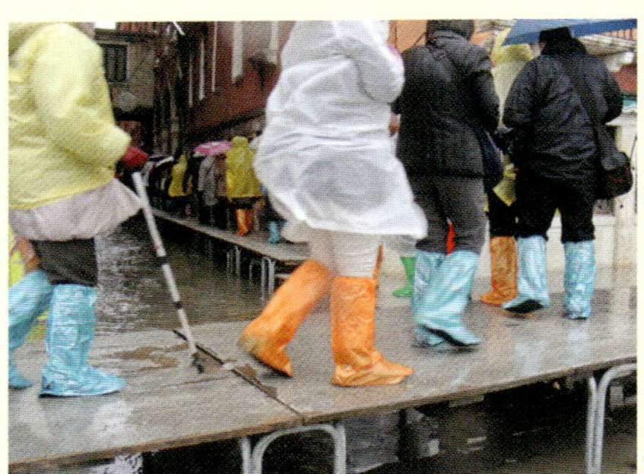

Ein in der ganzen Stadt hörbarer, durchdringender Sirenenalarm kündigt frühzeitig das Acqua Alta an. Bei einer drohenden Flut von mindestens 110 cm ertönt im Anschluss ein mehrfach wiederholtes gleichmäßiges Signal. Bei einem zu erwartenden Pegelstand von mindestens 120 cm sind zwei ansteigende Töne zu hören, ab 130 cm drei und ab 140 cm vier Töne.

Das ökologisch und finanziell umstrittene Großprojekt Mose, das nach jüngst aktualisierter Planung 2017 fertiggestellt sein soll, will ab einem Wasserstand von 110 cm mit Hilfe gewaltiger Schotten die Lagune vom Meer trennen und so die Stadt vor den hohen Fluten bewahren.

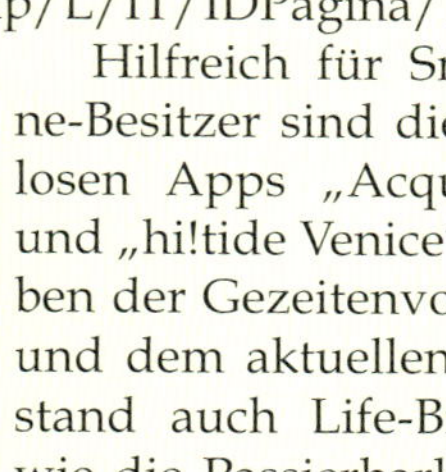

Unter der von der Kommune unterhaltenen Gezeitenvorhersage im Internet erhalten Sie aktuelle Informationen: www.comune.venezia.it/flex/cm/pages/ServeBLOB.php/L/IT/IDPagina/1748

Hilfreich für Smartphone-Besitzer sind die kostenlosen Apps „Acqua Alta“ und „hi!tide Venice“, die neben der Gezeitenvorhersage und dem aktuellen Wasserstand auch Life-Bilder sowie die Passierbarkeit einer größeren Anzahl von ausgewählten Orten anzeigen.

Ein beliebtes Fotomotiv: vom Hochwasser überraschte Touristen mit Mülltüten als Ersatzstiefeln

Unter den Arkaden der *Neuen Prokuratien* an der linken Platzflanke residiert seit dem 18. Jahrhundert das legendäre **Caffè Florian** 🕮 **SM03 (D3)**. Finanzkräftige Flaneure können sich, Vice-Questore Patta zum Vorbild, bei einem erlesenen Frühstück mit angelegentlicher Konzertbegleitung verlustieren. Die Gehaltsklasse von Brunetti begnügt sich tunlichst wie er mit einem Espresso im Stehen, um das altehrwürdige Interieur zu bewundern.

m Karneval dienen das Florian und das Quadri zur Schaustellung der schönen Masken

Doch unser Commissario ist auch nur ein Mann und zeigt sich stolz mit der attraktiven Ärztin Barbara Zorzi am Fenstertisch parlierend dem vorüberziehenden Publikum.

Genervt von den vielen lauten Touristen um ihn herum verlegt er seine Unterredung mit Adele Marzi hingegen vom Kaffeetisch hinaus auf die Piazza, was ihnen bezüglich der Lärmkulisse keine wirkliche Verbesserung einbringt.

Vom ältesten Kaffeehaus Venedigs schlendern wir zum nicht minder illustren **Grancaffè Quadri** ▬ **SM04 (D3)** in die Bogengänge der *Alten Prokuratien* gegenüber. Dem aufmerksamen TV-Zuschauer dürfte das sonnenverwöhnte Caffè mit der *Markuskirche* im Hintergrund bereits aus diversen Verfilmungen bekannt sein. Commissario Brunetti ist hier erstaunlich häufig bei einem Tässchen Kaffee anzutreffen, stehen doch die Preise denen im Florian nur wenig nach. Angesichts der spektakulären Kulisse unterhält es sich wohl unbefangener über kriminelle und frustrierte Ehefrauen – vor allem, wenn es die eigene ist –, über hemmungslose Finanzhaie sowie antike Vasen.

Mit Signorina Elettra zum Schein als liquides adoptionswilliges Ehepaar auftretend, wird dem Commissario sogar ein Baby zum Kauf angeboten.

Selbst die bestürzende Nachricht, dass Pattas missratener Sohn zum Staatsanwalt avanciert ist, lässt sich im Quadri leichter verkraften als in der verstaubten Questura.

Der Markusplatz mit der Basilika, umgeben von den Alten Prokuratien (links) und den Neuen Prokuratien (rechts). Unter den weißen Markisen rechts residiert das Caffè Florian, links gegenüber das Quadri mit den (derzeit) roten Stühlen.

Die Basilika im Rücken haben wir mittlerweile die Piazza fast in ihrer gesamten Länge durchquert. Hinter der Fensterfront der **Alten Prokuratien** **SM05 (C3)** auf Höhe der Hausnummer *91* handelt Brunetti mit seiner Eminenz, dem Patriarchen von Venedig, den zukünftigen Werdegang des untragbaren Padre Pio aus (In Wirklichkeit befindet sich der Sitz des Patriarchen an der *Piazzetta di Leoni* neben der *Markuskirche*).

Unmittelbar darunter entfernen wir uns vom „Wohnzimmer Venedigs" durch den *Sotoportego del Cavalletto* und überqueren einen Rio. Links im breiten Becken des *Rio Orseolo* werden an dem größten Gondelumschlagplatz der Stadt Heerscharen von Touristen eingeschifft. Wir folgen der *Calle del Callavetto* geradeaus auf den kleinen *Campo S. Gallo*, in dessen gleichnamigem Theater tagaus tagein die englischsprachige Vorstellung „VENEZIA The Show" inszeniert wird. Beim *Concilio Regionale del Veneto*, Nummer *1121*, verlassen wir den Platz links durch die *Calle Tron* und dürfen uns auf der Brücke nochmal dem Gondeltrubel hingeben.

Zu unserer Rechten sehen wir die **Fondamenta Goldoni** 🎬 **SM06 (C3)** mit ihren in den Rio führenden Treppenstufen, auf denen Paola während einer spontanen Beschattungsaktion ihre neuen Schuhe ruiniert.

Von der Brücke geht es geradewegs durch die Gasse zum trendigen **Bistrot Chat qui Rit** 🎬 **SM07 (C3)**, das nach einem amüsanten Abend der Eheleute Brunetti Ausgangspunkt der wilden Verfolgungsjagd ist und damals noch banal Self Service hieß.

Die Calle mündet in die vornehme *Frezzeria*, der wir nach rechts und in ihrem weiteren Verlauf nach links folgen.

Rasch entfernen wir uns von der Shoppingmeile, indem wir uns wenige Meter nach dieser Linkskurve durch den unauffälligen *Sotoportego de le Colonne* schlängeln. Den düsteren Gang entlang tasten wir uns auf sein scheinbares Ende zu, bis wir unerwartet auf ein Brücklein stoßen. Blicken wir von oben nach links über eine weitere Brücke hinweg, verrät uns eine Tafel, dass Goethe zwei Wochen in dem roten Eckhaus verbracht hat. Ihm schien es dort zu gefallen, denn er schrieb in seinem Werk „Italienische Reise“:

„Ich bin gut logiert in der ‚Königin von England‘, nicht weit vom Markusplatze, und dies ist der größte Vorzug des Quartiers; meine Fenster gehen auf einen schmalen Kanal zwischen hohen Häusern, gleich unter mir eine einbogige Brücke und gegenüber ein schmales, belebtes Gäschen.“

Am anderen Ufer leitet uns der schmale Schleichweg bis zum *Sotoportego del Forno Vecchio*, vor dem wir links durch den *Sotoportego de la Malvasia* zurück in die bunte Glitzerwelt des Markusviertels befördert werden.

Rechts gelangen wir bald zum kompakten *Campo S. Luca*. Dort musste der links im Haus Nummer *4267D* gelegene, von den Brunettis gerne genutzte wunderbare Buchladen **Tarantola** 🕮 **SM08 (C3)** neuen, häufig wechselnden Besitzern weichen.

Das gleiche Schicksal ereilte das Traditionscaffè **Rosa Salva** 🕮 **SM09 (C3)**, Nummer *4589*, das von der verglasten Stehbar *Marchini Time* abgelöst wurde. Die Eheleute müssten nun den weiten Weg bis zum, im Cannaregio-Spaziergang beschriebenen, Campo SS. Giovanni e Paolo auf sich nehmen, um sich an dem ihrer Meinung nach weltallerbesten Kaffee und den leckersten Ricottatörtchen zu laben.

Eine Alternative bietet links davon die zwanglose Eckbar **Torino** 🕮 **SM10 (C3)**, die dank ihrer großen Panoramascheiben einen perfekten Ausblick über den gesamten Campo gewährt. Diesen Umstand macht sich der Commissario zunutze und postiert sich ausgerüstet mit einem „Gespritzten“ am Fenster, um nach dem Zinswucherpaar Volpato Ausschau zu halten.

Flankiert von den beiden Bars bildet das Haus Nummer *4590* die Kulisse für die **Banca di Verona** 🎬 **SM11 (C3)**, wo der in Frauenkleidern ermordet aufgefundene Dottor Mascari als Filialleiter beschäftigt war. Wie Brunetti richtig vermutet, ist Avvocato Santomauro, seines Zeichens Vorsitzender der ebenfalls am Platz ansässigen **Wohlfahrtsorganisation Lega della Moralità** 🕮 **SM12 (C3)**, nicht ganz unbeteiligt am Mordkomplott.

Zwischen dem *Torino* und der *Cassa di Risparmio* hindurch biegen wir links mit der *Salizada S. Luca* um das Geldinstitut herum auf den **Campo Manin** 🕮 **SM13 (C3)**, wo Paola Brunetti ihrer beispiellosen Wut auf skrupellosen Sextourismus in Form eines eingeschlagenen Schaufensters Ausdruck verleiht.

Campo S. Luca

Ihr Ziel ist ein Reisebüro und nicht etwa die ästhetisch fragwürdige Front der *Cassa di Risparmio*, die von ihrem Gatten das Prädikat „eines der drei scheußlichsten Bauwerke Venedigs" erhalten hat.

Sogar der im Zentrum des Platzes thronende Revolutionär Daniele Manin dreht der Sparkasse den Rücken zu. In seine Blickrichtung verlassen wir den Campo über die rechte der beiden Brücken, tauchen in die schluchtartige *Calle S. Paternian* ein und laufen rechts versetzt immer geradeaus durch die unscheinbare *Calle dei Albanesi*. Mit der platzartigen Quergasse *Rio Terrà de la Mandola* sind wir wieder mitten im pulsierenden Leben des Viertels angekommen und gehen links die paar Schritte zur Gassenkreuzung.

Wer jetzt schon hungrig ist, findet etwa 30 Meter links in der *Calle de la Mandola* das **Ristorante Pizzeria Rosa Rossa** 🕮 **SM14 (C3)**. Brunetti empfiehlt das Ristorante den beiden amerikanischen Augenzeugen des Mordes an einem sogenannten Vucumpra (s. Vu` cumprà? - Willst du kaufen, S. 42) auf dem Campo S. Stefano. Das Ärzteehepaar will an seinem letzten Abend auf eigene Faust ein einheimisches Lokal ausprobieren und nicht wie üblich mit seiner Reisegruppe in einem sterilen Touristenetablissement abgefüttert werden.

Die noch Gesättigten verweilen kurz an der eben genannten Gassenkreuzung. Direkt frontal fällt dort der *Rio Terrà dei Assassini*, die Mördergasse, ins Auge. Die Gasse erhielt ihren Namen aufgrund der häufig im Schutz der Dunkelheit verübten Morde und Überfälle und wurde deshalb im Mittelalter als einer der ersten Wege der Stadt nachts beleuchtet.

Wir gehen lieber nach rechts auf den großen, vergleichsweise wenig besuchten *Campo S. Anzolo* mit zwei sich an den Rand des Platzsockels schmiegenden Restaurants. Der Standort bietet den besten Blick auf den extrem schrägen Campanile der *Chiesa S. Stefano*.

Unser Weg führt noch vor dem Sockel links in die nur drei Steinplatten dünne, jedoch aufgrund der markanten Stützbögen zwischen den Gebäuden nicht zu verfehlende *Calle del Caffettier*. Über die anschließende Brücke gelangen wir durch den finsteren *Sotoportego de la Malvasia Vecchia* auf den *Campiello Marinoni*.

Das freundliche Plätzchen wird an der rechten Seite komplett vom **Hotel La Fenice** 🕮 **SM15 (C3)** und der angrenzenden **Taverna La Fenice** 🎬 **SM16 (C3)** eingenommen. Als Einziger aus dem Ensemble des Dirigenten Wellauer hat Regisseur Santore, der kein gutes Haar an dem Verstorbenen lässt, in der gediegenen Herberge Quartier bezogen.

Raffiniertes Coperto in der Taverna La Fenice

Vice-Questore Patta hingegen durchleidet im feinen Restaurant einige unerquickliche Abendtermine. So bringt ihn Avvocato Santomauro mit seiner Einladung zu einem gesellschaftlichen Empfang in die Bredouille, da Signora Patta gerade mit einem Pornofilmproduzenten durchgebrannt ist.

Ein andermal verdirbt ihm seine neue, von fernöstlichen Lehren inspirierte Mitarbeiterin mit Tofu-Pasta den Magen.

Und zu guter Letzt macht ihm der Commissario ungeachtet des hohen Besuchs aus Rom eine kompromittierende Szene aufgrund des „entführten" Leichnams aus der Pathologie.

Vor uns befindet sich bereits die Seitenfront des traditionsreichen **Opernhauses La Fenice** 🕮 🎬 **SM17 (C3/4)**, um das wir links herum zum Hauptportal am *Campo S. Fantin* gehen. Der gestrenge Maestro Wellauer gibt während der Aufführung

von La Traviata den Taktstock endgültig ab, wohingegen der liebestolle Raffi seine begehrten Parzivalkarten gegen eine romantische Gondelfahrt zu zweit eintauscht. Jahre später kehrt La Traviata, alias Flavia Petrelli, als glühend verehrte Tosca zurück auf die Bühne.

Ein Besuch in der Oper

Wer einen Blick in den prunkvollen Theaterraum mit seinen eleganten Logen werfen möchte, ohne eine Oper anhören zu wollen, dem raten wir zu den täglich auch mit Audioguide stattfindenden Führungen. In rund einer Stunde erfährt man Interessantes über die wechselhafte Geschichte des mehrmals abgebrannten und wie Phönix (italienisch „Fenice“) aus der Asche wieder erstandenen Opernhauses sowie Amüsantes über die immer neu an die Bedürfnisse der jeweiligen Machthaber Venedigs anzupassende herrschaftliche Loge.

Der alte, aus den Trümmern eines Vorgängerbaus gerettete, Phönix über dem heutigen Haupteingang

Im benachbarten, gut besuchten **Antico Martini** 🎬 **SM18 (C3/4)** brüskiert Paola mit Fotos minderjähriger Sexsklavinnen lautstark den Reisebürobesitzer Dottor Mitri nebst Gattin, denen daraufhin der Appetit gründlich vergeht.

Das Teatro La Fenice mit der Bar Al Theatro

BAR

Unsere Exkursion führt durch die *Calle de la Fenice* zurück zur Seitenfront des *Gran Teatro*, wo sich in der gegenüberliegenden Bar an der Ecke, dem **Al Theatro** 🕮 **SM19 (C3)** viele Bühnenmitarbeiter auf einen Pausenkaffee treffen. Wie so oft kann Brunetti Signorina Elettras unerschöpflichen Bekanntenkreis für seine Ermittlungen nutzen, da ein ehemaliger Mitschüler von ihr in der Bar arbeitet und sich ihr zuliebe bestimmt gerne ein wenig umhört.

Am Nebeneingang *Ingresso alle Gallerie* und dem Künstlereingang vorbei bis zum querenden Rio begleitet uns die seitliche Mauer des Theaters. Am Wasser folgen wir dem Verlauf des überdachten Uferweges über eine Brücke auf die *Fondamenta S. Cristoforo*. Mit dem Rio nach links und weiter geradeaus laufen wir auf den *Campiello dei Calegheri*. Die schräg verlaufende *Ponte Storto* bringt uns über den einen Knick bildenden *Rio Zobenigo* zur *Fondamenta de la Fenice*. Mittlerweile haben wir das *La Fenice* zu zwei Dritteln umrundet und können von hier den heutzutage nur noch selten genutzten Wasserzugang und ein charakteristisches Fries mit dem aus der Asche emporsteigenden Phönix bewundern.

Eine Adelskirche ohne Campanile

Die Barockfassade der *Chiesa S. Maria del Giglio* imponiert unter anderem durch die Statuen derer von Barbaro, die sich damit im 17. Jahrhundert selbst ein Denkmal gesetzt haben. Mit den auf den unteren Sockelreliefs dargestellten Städten pflegte die Adelsfamilie gesellschaftliche oder geschäftliche Beziehungen.

Padua

Neben Gemälden von Tintoretto und Veronese finden Rubens-Liebhaber im Gotteshaus das einzige Werk des Meisters in Venedig: Maria mit Jesus und dem sehr jungen Johannes dem Täufer.

Der Campanile zur Kirche musste 1775 abgerissen werden, da er sich mittlerweile gefährlich weit geneigt hatte. Der Wiederaufbau geriet ins Stocken, es blieb schließlich bei einem nur wenige Meter hohen Ziegelstein-Stumpen, der heute als etwas deplaziert wirkendes Häuschen einen Andenkenladen beherbergt.

Das kleine rote Häuschen neben der Kirche ist der unvollendete Campanile.

Weg vom Wasser und dem Theater wenden wir uns in die *Calle del Piovan*, die sich gleich darauf verbreitert und dem **Hotel Bel Sito** **SM20 (C4)** wie auch der **Chiesa S. Maria del Giglio** **SM21 (C4)**, ehemalige Heimatpfarrei des gar so frommen Avvocato Trevisan, Platz verschafft.

Auf der kleinen Terrasse des *Bel Sito* belauscht der zufällig des Weges joggende Vianello einen aufschlussreichen Streit zwischen den berüchtigten Wucherern Volpato und Signor dal Carlo, ihrem „Geschäftspartner" im Katasteramt.

Nach der Kirche biegen wir rechts ab und gelangen, uns weiterhin rechts haltend, über die Brücke hinter der Kirchenrückfront auf den von zwei Rios begrenzten *Campiello de la Feltrina*. Über die nachfolgende *Ponte Zaguri* und die von Restaurants und Souvenirshops gesäumte *Calle Zaguri* erreichen wir den großen, seltsam leer anmutenden *Campo S. Maurizio*. Wir orientieren uns an der säkularisierten *Chiesa di S. Maurizio* am rechten Platzrand, die das *Museo della Musica* mit seiner historischen Instrumentensammlung beherbergt. Vorbei am Kircheneingang entfernen wir uns durch die *Calle del Piovan* und erreichen die *Ponte S. Maurizio*.

Gondeltour unter die Kirche

Von der Brücke aus sieht man rechts auf ein venezianisches Unikum, den unter der Apsis der Chiesa di S. Stefano hindurch fließenden Rio. Bei entsprechend niedrigem Wasserstand können die Gondeln unters Gotteshaus staken und am Campo S. Anzolo wieder auftauchen.

Am Ende der anschließenden *Calle del Spezier* begrüßt uns der steinerne, an einen Bücherstapel gelehnte Schriftsteller Nicolò Tommaseo, der trotz seines despektierlichen Spitznamens „Cagalibri“, auf Deutsch „Bücherscheißer“, dem grandiosen **Campo S. Stefano** 🕮 🎬 **SM22 (B/C3/4)** eine gewisse Würde verleiht.

Campo S. Stefano

Die Aura des Gelehrten hindert den Attentäter jedoch nicht, mitten am Tag in aller Öffentlichkeit einen sogenannten Vucumpra (s. Vu` comprà? - Willst du kaufen, S. 42) zu erschießen.

Schräg links vor uns wirkt in dem langgezogenen ockerfarbenen **Palazzo Loredan SM23 (B4)** der mit jedem Besuch des Commissario mehr ins Schwitzen geratende, angebliche Hüter der Moral Dottor Santomauro.

Den *Palazzo Loredan* rechts liegen lassend promenieren wir zu dem seitlich links versteckten kleinen *Campo Pisani*, aus dem des Öfteren Musik hervordringt.

In dem gewaltigen, von Herkulesstatuen bewachten Palazzo des **Konservatoriums** **SM24 (C4)** holt Brunetti bei Professor Rezzonico, seines Zeichens höchst angesehener Musikkritiker der Stadt, Informationen über die finale Darbietung des Dirigenten Wellauer ein.

Hinter der schmutzigweißen Fassade befindet sich außerdem die **Kanzlei von Mitris Anwalt Zambino SM25 (C4)**, der posthum nichts Schlechtes über seinen Mandanten verlauten lässt. Im Gebäudeinneren huschen der verschreckte Anwalt Penzo und die eiskalte Richterin Contellini durch die Flure des **Gerichts SM26 (C4)**, dieweil sich der Commissario mit Vianello und Elettra im Schlepptau durch das Archiv gräbt, um dem Mörder des Gerichtsdieners Fontana auf die Schliche zu kommen.

Der barrierefreie (!?) Seiteneingang des Istituto Veneto

Wieder auf dem *Campo S. Stefano* erkennen wir schon zu unserer Linken den kleinen aber feinen Park, der das **Istituto Veneto SM27 (B4)**, Sitz einer venezianischen Wissenschafts- und Kultureinrichtung, flankiert. Zwischen dem Park und der zu einem

Am Istituto Veneto

Vivaldi-Konzertsaal umfunktionierten *Chiesa S. Vidal* hindurch erreichen wir am Fuße der *Ponte de l'Accademia* den zweiten Seiteneingang des Instituts. Vice-Questore Patta wird rigoros der Zutritt verwehrt, als er wie jedes Jahr an dem rauschenden Empfang des Bürgermeisters teilnehmen will.

Zum Abschluss des Spaziergangs empfehlen wir, zurück auf dem einladenden *Campo S. Stefano* ein wenig zu verweilen, wofür sich das Beccafico und die beiden von Brunetti bevorzugten sonnigen Cafés gleichermaßen eignen.

An der vom Canal Grande aus gesehenen rechten Platzseite kehrt die Sopranistin Flavia Petrelli nach einem anstrengenden Opernauftritt auf eine Pasta und ein Glas Teroldego in das **Ristorante A Beccafico** 🕮 **SM28 (C4)** ein.

Gleich danach bietet sich unter den Augen Tommaseos an der *Calle del Spezier* das geräumige **Le Café** 🕮 **SM29 (C4)** mit schönem Blick über den Platz an. Brunetti nimmt im Café die ersten Zeugenaussagen über die schreckliche Bluttat an dem Vucumpra (s. Vu` cumprà? - Willst du kaufen, S. 42) zu Protokoll, und eine ältere Signora legt ihm die besonders leckeren Tramezzini mit Schinken und Artischocken ans Herz.

Teezeremonie im Le Café

Typisch venezianisches Gebäck: Pane del Doge („Dogenbrot")

Schräg gegenüber gefällt die nicht minder aussichtsreich gelegene **Gelateria Paolin** 🕮 **SM30 (C3)**, in der sich Brunetti nach seiner Unterredung mit Professor Rezzonico einen Espresso genehmigt.

Vor dem Café direkt an der Kirchenmauer betreibt die Gefangenenhilfsorganisation „Rio Terà dei Pensieri“ einen Kiosk mit diversen Produkten aus recycelten Materialien und bedruckten T-Shirts, die in den venezianischen Gefängniswerkstätten hergestellt werden.

Nach einer wohlverdienten Rast begeben wir uns zum Ausgangspunkt der Dorsoduro-Tour auf die hölzerne, den Canal Grande überspannende *Ponte de l'Accademia*. Richtung Osten ziehen die zwei beeindruckenden Kuppeln der *Chiesa Madona de la Salute* alle Blicke auf sich, und links neben uns zeigt sich das *Istituto Veneto* nochmals in seiner vollen Pracht.

Der Kiosk der Gefangenenhilfsorganisation „Rio Terà dei Pensieri“

Tour 4: Dorsoduro

2 Stunden

Ponte de l'Accademia, Nähe Anleger Accademia (B4)

Hostaria Venexiana, Fondamenta de la Cazziola, Nähe Piazzale Roma (A3)

Eine lebendige Kunstszene und studentischer Flair mit dem allnächtlichen Szenetreff auf dem Campo S. Margherita erwarten uns im lässigen Dorsoduro, dessen barbestandene Flaniermeile entlang des Canale della Giudecca an der einzig noch erhaltenen Gondelwerft vorbei führt.

Unser vierter Spaziergang beginnt mit der von den Brunettis häufig nach dem Opernbesuch genossenen herrlichen Rundsicht von der *Ponte de l'Accademia*. Sie führt vom Sestiere S. Marco zum wortwörtlich „harten Rücken" Venedigs, dem auf felsigem Untergrund erbauten Dorsoduro.

Die Chiesa Madona de la Salute von der Ponte de l`Accademia aus

Wir nehmen den linken Treppenabgang und laufen wenige Meter geradeaus, seitlich der in die *Galleria de l'Accademia* integrierten Kirche. Die Galerie beherbergt die bedeutendste Sammlung venezianischer Malerei des 14. bis 18. Jahrhunderts.

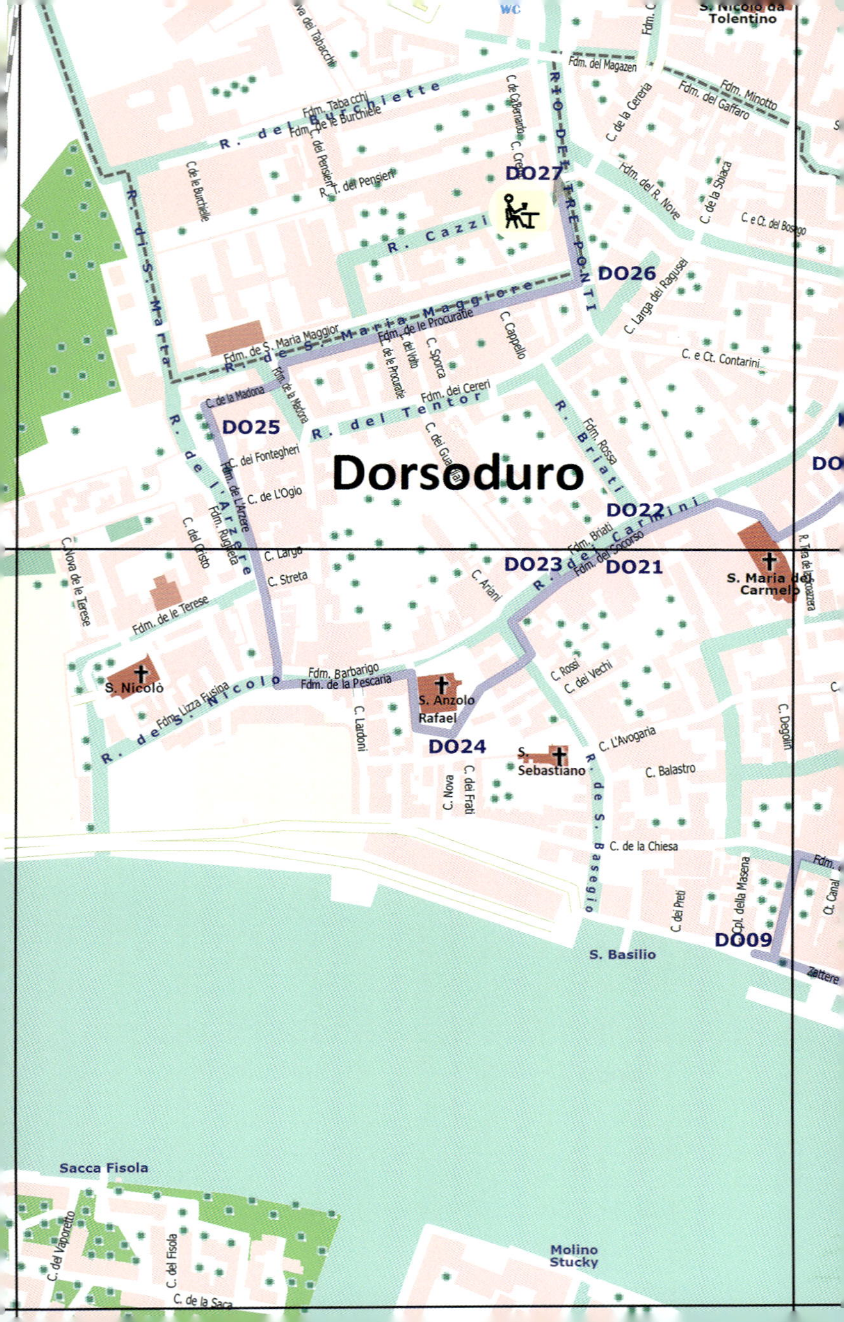

Dorsoduro
DO27
DO26
DO25
DO22
DO23
DO21
DO24
DO09
S. Nicolò da Tolentino
S. Maria dei Carmelo
S. Nicolò
S. Anzolo Rafael
S. Sebastiano
S. Basilio
Sacca Fisola
Molino Stucky
R. del Burchiette
R. Cazzi
R. de S. Maria Maggiore
R. del Tentor
R. Briati
R. dei Carmini
R. de S. Nicolo
R. de l'Arzere
R. di S. Marta
R. de S. Basegio
RIO DEI TRE PONTI
Fdm. del Magazen
Fdm. Minotto
Fdm. del Gaffaro
Fdm. del R. Nove
Fdm. Tabacchi
Fdm. de le Burchiele
Fdm. de S. Maria Maggior
Fdm. de le Procuratie
Fdm. dei Cereri
Fdm. de la Madona
Fdm. de L'Arzere
Fdm. Rugheta
Fdm. de le Terese
Fdm. Lizza Fusina
Fdm. Barbarigo
Fdm. de la Pescaria
Fdm. Rossa
Fdm. Briati
Fdm. del Socorso
C. de la Cereria
C. de la Sbiaca
C. e Ct. del Bosego
C. Larga dei Ragusei
C. e Ct. Contarini
C. Cappello
C. Sporca
C. del Volto
C. de le Procuratie
C. dei Guardiani
C. de la Madona
C. dei Fontegheri
C. de L'Ogio
C. Larga
C. Streta
C. del Cristo
C. Nova de le Terese
C. de le Burchiele
C. dei Pensieri
R. T. dei Pensieri
C. Ariani
C. Rossi
C. dei Vechi
C. L'Avogaria
C. Balastro
C. Lardoni
C. Nova
C. dei Frati
C. de la Chiesa
C. dei Preti
Cpl. della Masena
C. Degolin
Ct. Canal
Zattere
C. del Vaporetto
C. del Fisola
C. de la Saca
WC

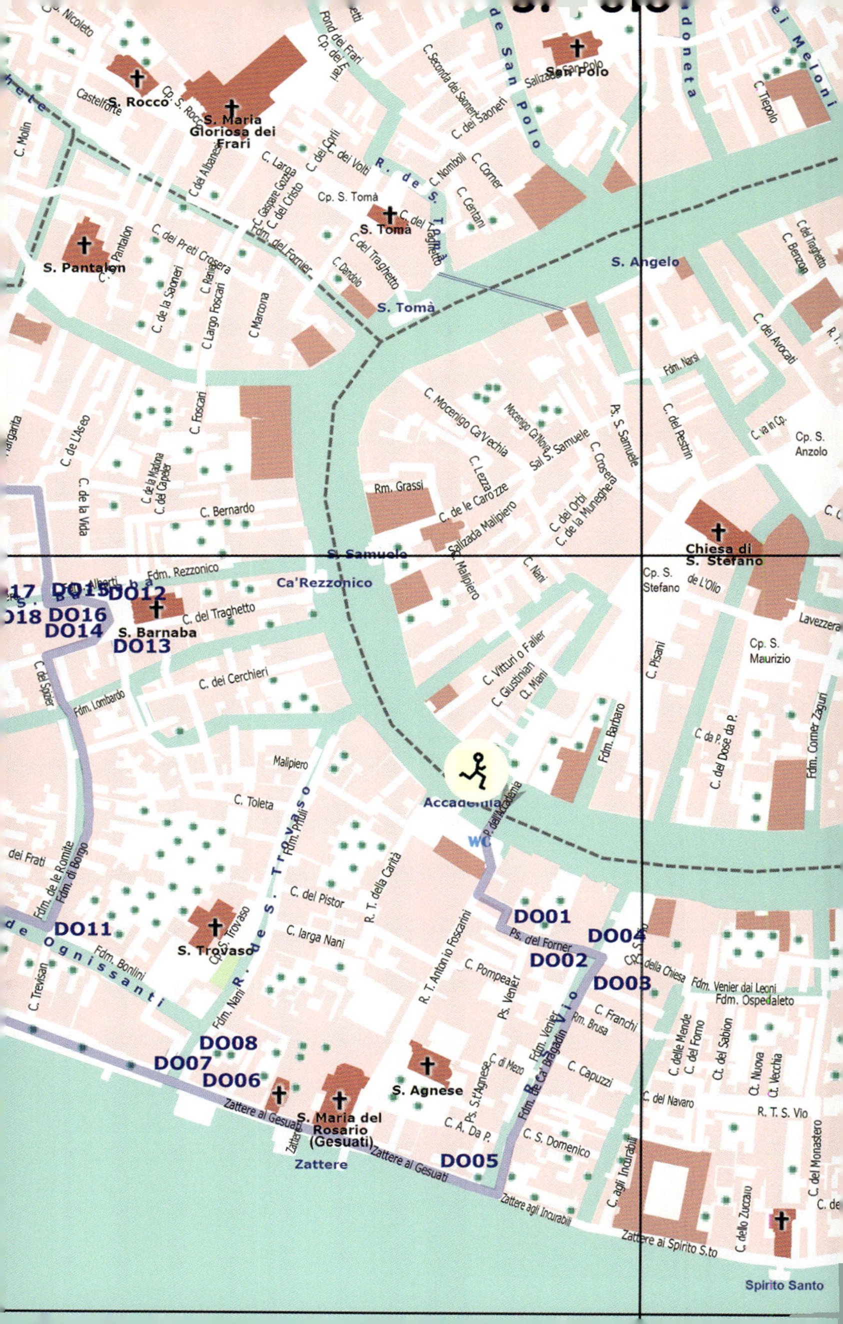

S. Rocco
S. Maria Gloriosa dei Frari
San Polo
S. Pantalon
S. Tomà
S. Angelo
Cp. S. Tomà
Castelforte
C. Molin
C. dei Albanesi
C. Larga
C. Gaspare Gozzi
C. del Cristo
Fdm. del Fornier
C. dei Preti Crosera
C. de la Saoneri
C. Renier
C. Largo Foscari
C. Marcona
C. Dandolo
C. del Traghetto
C. dei Volti
C. dei Corti
Fond dei Frari
Cp. dei Frari
C. Seconda dei Saoneri
C. dei Saoneri
C. Nomboli
C. Corner
C. Centani
R. de S. Tomà
C. Tiepolo
C. del Traghetto
C. Benzon
C. dei Avocati
Fdm. Narsi
C. del Pestrin
C. va in Cp.
Cp. S. Anzolo
Ps. S. Samuele
C. Mocenigo Ca'Vechia
Mocenigo Ca'Nova
Sal S. Samuele
C. Crosera
C. Lezza
Rm. Grassi
C. de le Carozze
Salizada Malipiero
C. dei Orbi
C. de la Muneghe
C. Foscari
C. de L'Aseo
C. de la Vida
C. de la Madona
C. del Capeler
C. Bernardo
S. Samuele
Ca'Rezzonico
Chiesa di S. Stefano
Cp. S. Stefano
de L'Olio
C. Malipiero
C. Nani
Fdm. Rezzonico
C. del Traghetto
S. Barnaba
DO12
DO13
DO14
DO15
DO16
DO17
DO18
Lavezzera
Cp. S. Maurizio
C. Pisani
C. dei Cerchieri
C. Vitturi o Falier
C. Giustinian
Ct. Miani
C. del Spizier
Fdm. Lombardo
Fdm. Barbaro
C. da P.
C. del Dose da P.
Fdm. Corner Zaguri
Malipiero
C. Toleta
Accademia
WC
P. dell'Accademia
dei Frati
Fdm. de le Romite
Fdm. di Borgo
R. de S. Trovaso
Fdm. Priuli
C. del Pistor
R. T. della Carità
C. larga Nani
DO11
S. Trovaso
Cp. S. Trovaso
R. de Ognissanti
Fdm. Bonlini
C. Trevisan
Fdm. Nani
DO01
Ps. del Forner
DO02
DO03
DO04
R. T. Antonio Foscarini
C. Pompeati
Ps. Venier
C. della Chiesa
Fdm. Venier dai Leoni
Fdm. Ospedaleto
C. Franchi
Rm. Brusa
Fdm. Venier
Fdm. de Ca Bragadin
R. S. Vio
C. Capuzzi
C. delle Mende
C. del Forno
Ct. del Sabion
Ct. Nuova
Ct. Vecchia
C. del Navaro
R. T. S. Vio
DO08
DO07
DO06
S. Agnese
Ps. S.t'Agnese
C. di Mezo
C. A. Da P.
C. S. Domenico
C. agli Incurabili
C. dello Zucchero
C. del Monastero
S. Maria del Rosario (Gesuati)
Zattere al Gesuati
Zattere
DO05
Zattere agli Incurabili
Zattere ai Spirito S.to
Spirito Santo

Die erste, leicht zu übersehende Möglichkeit nach links beim Haus Nummer *879* bringt uns in der **Callesella Rota DO01 (B4)** zum frontal an der Gassenbiegung befindlichen Gebäude Nummer *874*. Chiara Brunetti lernt in dem Haus die zerrüttete Familie kennen, mit deren Tochter sie als Baby in der Geburtsklinik vertauscht wurde. Angesichts des bedrückenden Besuches ist sie im Nachhinein sehr dankbar, dass der Irrtum aufgeklärt wurde.

Die düstere Gasse mündet in die mit Bars, Kunsthandwerk und Touristenkitsch gespickte *Calle Nova S. Agnese*, die wir nach links zur *Ponte S. Vio* laufen.

In der **Kunstgalerie Bac Art Studio DO02 (B4)**, Nummer *862* rechts am Eck zur *Fondamenta Venier* veräußert Signor Turchetti gewinnbringend kostbare Gemälde, die er zuvor dem betagten Signor Murandi völlig unter Wert abgekauft hatte.

Am jenseitigen Ufer des Rio präsentiert sich das fotogene **Cantinone Storico DO03 (B4)**. Brunetti feiert in dem Uferrestaurant die reinste Schlemmorgie bei Risotto auf Riesengarnelen, gefolgt von einer gegrillten Goldbrasse mit Salzkartoffeln.

Goldbrasse

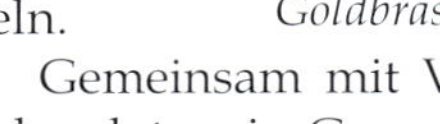

Gemeinsam mit Vianello schwelgt er in Garnelen mit Gemüse und Koriander sowie einer Flasche Pinot. Aber er kann auch bescheidener mit einem Teller Pasta und allein dem Telefonino zur Zerstreuung.

Oben von der Brücke lassen sich der *Canal Grande* im Norden und der *Canale della Giudecca* im Süden ausmachen, die vom *Rio S. Vio* miteinander verbunden werden.

Am **Kiosk 🎬 DO04 (B4)** des *Campo S. Vio* links unterhalb der Brückenstufen kauft Vice-Questore Patta die Tageszeitung und strahlt über den Aufmacher mit seinem eigenen feschen Konterfei anlässlich einer Ordensverleihung.

Wir überqueren den Rio und folgen am *Cantinone Storico* vorbei seinem Verlauf bis zum *Canale della Giudecca*. Am Ende der Fondamenta weitet sich der Blick über die breite Flaniermeile *Zattere ai Gesuati* und die *Isola di Giudecca* auf der anderen Seite des Kanals.

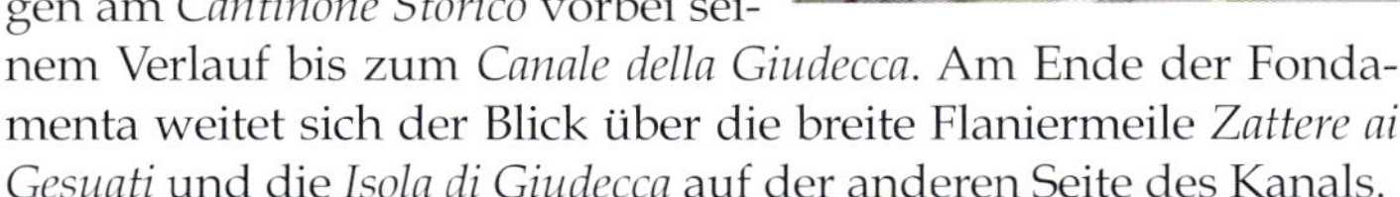

Uns nach rechts wendend dürfen wir die sonnenbeschienene Promenade fast komplett bis zum Fährterminal S. Basegio spazieren.

Gleich neben der Brücke duckt sich unter der *Pensione Calcina* das **Ristorante La Piscina 🕮 DO05 (B4)**, in dessen Bar sich Guido Brunetti und Paola Falier zu Beginn ihrer Bekanntschaft gerne aufgehalten haben. Allerdings sind laut Brunetti die seiner Meinung nach wenig zuvorkommenden Kellner nur auf den begehrten Sonnenterrassenplätzen zu ertragen. Dessen ungeachtet trinkt er gerne in der reizenden Gesellschaft von Flavia Petrelli und ihren Kindern ein Gläschen Campari mit.

Bei Hausnummer *790* passieren wir das repräsentative *Schweizer Konsulat* und nachfolgend die eindrucksvolle Fassade der *Chiesa dei Gesuati*. Kurz darauf entdecken wir bei genauem Hinsehen rechts neben dem schlichteren Portal der *Chiesa di S. Maria della Visitazione* über dem Antipissoir (s. Pinkeln verboten, S. 19) einen weiteren ehemaligen Beschwerde-Briefkasten/Bocca di Leone (s. Löwenmäuler, S. 82).

Mittlerweile haben wir auch schon die fantastisch gelegene **Gelateria Nico** **DO06 (B4)** mit ihrer in den Kanal gebauten Holzplattform erreicht (s. Foto S. 138 f.). Bei schönem Wetter legen wir eine Rast inmitten des stimmungsvollen Panoramas wärmstens ans Herz. Brunetti verschmäht die Bar zwar auch in den Wintermonaten nicht, schüttelt aber, seinen heißen Grog schlürfend, verwundert den Kopf über die nach „Geladdo" gelüstenden amerikanischen Touristinnen.

Er selbst genießt sein Eis, wie es sich gehört, im Sommer, mal wieder gemeinsam mit Flavia Petrelli und ihren Kindern oder er verabredet sich an einem lauen Frühlingstag mit Paola auf einen Drink.

Von der anschließenden **Ponte Longo** **DO07 (B4)** sehen wir am linken Ufer des *Rio S. Trovaso* die einzige sich noch in Betrieb befindliche Gondelwerft Venedigs. Vor der pittoresken Kulisse dieses aus Holz errichteten *Squero di S. Trovaso* schließt Brunetti halbherzig seinen Frieden mit der zu Gaunereien neigenden Tante Sofia.

Am rechten Ufer lugen über der Ziegelmauer ein paar Baumwipfel hervor, die den dahinter liegenden **Garten** **DO08 (B4)** erahnen lassen. Im guten Glauben, das Grundstück gehöre seiner Tante, beackert der brave Raffi einen Sommer lang das Land.

Blick auf den vermeintlichen Garten von Brunettis Tante

Gondelwerft am
Rio S. Trovaso

Macedonia (frischer Fruchtsalat), Latte Macchiato, Gianduiotto (Nougateis mit Sahne) und Traumblick auf Nicos Terrasse

Beim Bummeln über das *Zattere* fallen immer wieder an Balkonen oder Fenstern angebrachte kleine Fahnen mit der rotschwarzen Inschrift auf weißem Grund „No Grandi Navi" auf.

Das Kreuz mit den Kreuzfahrtschiffen

Nicht erst seit dem spektakulären Kentern der Costa Concordia vor der Insel Giglio Anfang 2012 formiert sich Widerstand gegen die „Grandi Navi", die „Großen Schiffe", wenn sie sich beim Ein- und Auslaufen durch den Canale della Giudecca zum Greifen nah an der Skyline von Dorsoduro, S. Marco und Castello vorbei schieben.

Ozeanriesen bahnen sich den Weg durch den Canale della Giudecca ...

Was für die Touristen gleichermaßen an Bord wie auch an Land ein beeindruckendes Spektakel ist, stößt bei den Einheimischen mehr und mehr auf Unbehagen,

... ins Bacino di S. Marco zwischen S. Giorgio Maggiore und dem Markusplatz.

Furcht und Ablehnung. Zwei Maßnahmen könnten zukünftig für Abhilfe sorgen. Zum Einen sollen Schiffe ab einer bestimmten Größe in einem Terminal außerhalb der Lagune vor Anker gehen müssen. Die zweite, noch sehr umstrittene Überlegung ist, eine neue Zufahrtsrinne westlich der Giudecca auszubaggern und so einen direkten Zugang vom bestehenden Hafen zum Meer zu schaffen.

Im Jahr 2012 lag der Hafen von Venedig weltweit auf Platz neun gemessen an der Zahl der Passagierbewegungen. Den vorläufigen Rekord hält der 21. September 2013, als sich insgesamt zwölf Kreuzfahrtschiffe in der Stadt befanden.

Weiter geht es längs der Schaufront herausgeputzter Palazzi. Einige von ihnen beherbergen Fakultäten der in Dorsoduro ansässigen Universität, die mit ihren Studenten die zwanglose Atmosphäre des Sestiere prägt. Auf der Insel *Giudecca* sticht neben den Kirchenbauten die einem norddeutschen Handelskontor ähnelnde ehemalige Getreidemühle *Molino Stucky* ins Auge, in der heute ein Luxushotel untergebracht ist. Die bei klarem Wetter im Hintergrund erkennbaren Kegel sind übrigens keine Abraumhalden, sondern die Euganeischen Hügel bei Abano Terme – ein beliebtes Ausflugsziel nicht nur für die Venezianer.

Die hässliche Seite Venedigs

Am Festland gemahnen die schemenhaft in den Himmel ragenden Schornsteine der futuristisch-bizarr anmutenden Industrielandschaft von Porto Marghera an die Schattenseiten der Serenissima. Jahrzehntelang wurden die giftigen Abwässer vor allem der petrochemischen Industrie praktisch ungehindert in die Lagune geleitet. Die Giftstoffe (unter anderem wurden große Mengen an Arsen, Cadmium, Blei, Quecksilber, Phenol, Dioxin und DDT nachgewiesen) führten zu Hunderten von Todesfällen bei Fabrikarbeitern und Anwohnern. Erst in den 1990er Jahren, nach massivem Druck einer Bürgerinitiative, wurde dem Spuk ein Ende bereitet.

Hinter den Industrieanlagen von Marghera ragen spitz die Euganeischen Hügel heraus.

Gleich hinter dem grünen Kiosk, der sich bei entsprechender Witterung als bewirtschaftetes *El Chioschetto* entpuppt, stellt der ästhetische Palazzo der Schifffahrtsgesellschaft *Adriatica* mit goldenem Schriftzug auf blauem Hintergrund eine wahre Augenweide dar. Nur ein Katzensprung trennt uns noch von der leicht zu übersehenden *Calle Carleato* bei Haus Nummer *1419*, durch welche wir die Uferpromenade in Kürze verlassen werden.

ADRIATICA

Zuvor widmen wir uns noch dem **Ristorante Riviera** ▪ **DO09 (A4)**, in Sichtweite vor uns. Brunetti und Vianello räkeln sich an den Ufertischen genüsslich in der Sonne, ihr ausgedehntes Mittagessen mit einem Glas Wein veredelnd. Doch selbst im äußersten Westen sind sie nicht vor ihrem Chef gefeit, der just mit dem Schweizer Austauschkommissar Brauchli am *Riviera* vorbeibraust. Vianello, jüngst unter die Historiker gegangen, schwadroniert vom ehemaligen Verbrechernest im Haus nebenan, womit er allerdings bei seinem pragmatischen Kollegen nur mäßigen Anklang findet.

Dorade mit gegrilltem Gemüse

Nun drehen wir dem Kanal endgültig den Rücken zu und überqueren durch die eben erwähnte *Calle Carleato* hindurch den stillen *Rio dei Ognissanti*.

Rechts auf Höhe der Holzbrücke erstreckt sich am Uferweg das **Ospedale Giustinian** ▪ **DO10 (B4)**, von dessen zu *Chiaras Schulhof* umfunktioniertem Vorplatz der treusorgende Vater sein Töchterchen abholt.

Jahre später besucht der Commissario gemeinsam mit Chiara den brutal zusammengeschlagenen Tieraktivisten im Krankenhaus, um ihm von der Schließung des Schlachthofes zu berichten.

Am Rio dei Ognissanti mit
Blick auf die
Chiesa dei Gesuati

Die imposante Kuppel der *Chiesa dei Gesuati* vor Augen nehmen wir bald die Brücke über den einmündenden Rio und erreichen die **Wohnung der Fotografin Rana Vega DO11 (B4)** im Haus Nummer *1124*. Vegas in einem Roma-Lager lebende kleine Nichte ist bei einem ihrer Diebeszüge ums Leben gekommen.

Noch vor dem Haus spazieren wir links die *Fondamenta di Borgo* an dem beschaulichen Rio entlang und gelangen über den *Rio del Malpaga* in die *Calle de le Turchette*, die auf die tatsächlich lange *Calle Longa* stößt.

Wir folgen der Gasse nach rechts zum gefälligen **Campo S. Barnaba DO12 (B4)**, der vor allem durch sein für die Ausstellung über Leonardo da Vinci genutztes Kirchengebäude und die breite Wasserfront besticht. Die bewegende Überführung des Leichnams von Roberto Lorenzoni auf die Friedhofsinsel nimmt an deren Stufen ihren Anfang.

Stirnseitig finden wir die **Tabaccheria N. 58 DO13 (B4)**, in welcher Raffi die verhängnisvollen Fotos seiner verstorbenen Oma entwickeln lässt. Die beiden nichts voneinander ahnenden Verehrer der reizenden alten Dame warten schon sehnsüchtig auf die Bilder.

Gegenüber der Kirche ruft uns die **Ristoteca Oniga DO14 (B4)** Pattas halbstarken, in Drogengeschäfte verwickelten Sohn Roberto ins Gedächtnis, der mit seinem Vater an Brunettis gute Seele und einschlägige Kontakte appelliert, in der Hoffnung, noch einmal mit einem blauen Auge davon zu kommen.

Am *Rio di S. Barnaba* laufen wir nach links auf den **schwimmenden Gemüsestand** 🕮 **DO15 (B4)** zu, bei dem sich die Brunettis mit Äpfeln und Artischocken eindecken. (Das Pendant dazu passieren wir bei der Castello-Tour.)

Wir verweilen einen Moment auf der sich anschließenden *Ponte dei Pugni*, um von oben diverse Schauplätze ausfindig zu machen. In dem schmalen grauen Haus Nummer *2838* hinter dem Gemüseschiff sucht der Auftragskiller **Malfatti Unterschlupf** 🕮 **DO16 (B4)** bei seiner Freundin.

Die Brücken der Fäuste

Die Ponti dei Pugni, Brücken der Fäuste, waren im Mittelalter Austragungsorte schlagkräftiger Auseinandersetzungen zwischen zwei rivalisierenden Pfarreien. Da die Brücken damals noch keine Geländer besaßen, landeten die heißblütigen Kämpfer nicht selten im kühlen Nass. Die vier abgebildeten Füße an den Brückenecken erinnern an diesen archaischen Brauch. Eine weitere Ponte dei Pugni überqueren wir mit der Ponte S. Fosca auf unserer Cannaregio-Tour.

Die Ponte dei Pugni nahe Campo S. Barnaba (links) und die Ponte S. Fosca in Cannaregio (oben)

Den *Campo S. Barnaba* im Rücken sehen wir auf der rechten Rio-Seite in dem sonnengelben Haus Nummer *3105* die im ersten Stock verortete **Wohnung von Signora Battestini** 🎬 **DO17 (B4)**. Gegenüber weint im roten Backsteinblock Nummer *2832* **Signora Gismondi** 🎬 **DO18 (B4)** der so brutal ermordeten Nachbarin keine Träne nach, musste sie doch lang genug unter der immensen Lärmbelästigung der rücksichtslosen Dame leiden.

Weiter geht es geradeaus auf der anderen Seite der Brücke durch den breiten *Rio Terà Canal*, mit dem wir links den ungewöhnlich trapezförmigen *Campo S. Margherita* erreichen. Es herrscht studentisches Flair zwischen den Gemüse- und Fischmarktständen, günstigen Geschäften, ei-

Am Campo S. Margherita mit der Libreria del Campo im Vordergrund und dem Caffè Rosso dahinter

Fischstand auf dem Campo S. Margherita

nigen Sitzbänken und zahlreichen Kneipen. Wer sich gerne ins venezianische Nachtleben stürzen möchte, ist hier (zum Leidwesen der Anwohner) genau richtig.

Das üblen Zinswucher treibende Ehepaar Volpato nutzt die Anonymität des bevölkerten Campo, um am linken Platzrand im „Roten Café", dem **Caffè Rosso ▬ DO19 (B3)** manch einen bedauernswerten Schuldner endgültig in den finanziellen Ruin zu stürzen. Versteckt hinter den Regalen des benachbarten Buchladens **Libreria del Campo ▬ DO20 (B3)** beobachten Elettra und Brunetti die widerwärtige Szene.

Die Vitrine im Caffè Rosso mit ihrer reichhaltigen Auslage

Gezeichnet von dem auf ihn verübten „Anschlag", mit dem Florindas verzweifelter Sohn Schwung in das stockende Verfahren bringen wollte, ertränkt Vice-Questore Patta im *Caffè Rosso* seinen Schreck in Hochprozentigem. Ergeben lässt er sich vom Commissario die weitere Vorgehensweise der aus dem Ruder geratenen Ermittlungen im Fall Battestini und ihrer toten Putzfrau Florinda erläutern.

An der südwestlichen Platzflanke steuern wir hinter dem Fahnenmast mit dem kleinen goldenen Markuslöwen auf der Spitze auf die *Chiesa S. Maria dei Carmini* zu.

Rechts vor der Kirche kann man gegen Gebühr das vom Malerfürsten Tiepolo großartig ausgemalte Obergeschoss der *Scuo-*

la Grande dei Carmini bewundern, in der auch Darbietungen in historischen Gewändern stattfinden. Im Anschluss an die Scuola wenden wir uns nach rechts auf den *Campo dei Carmini*, wo gegenüber die hohen zugemauerten Rundbogenfenster in der Fassade des *belgischen Konsulats* ins Auge fallen.

Etliche Innenaufnahmen der **Questura**, des **Kasinos**, der **Wohnung Brunettis** und der des Schnupftabakliebhabers **Signor da Prè** wie auch der luxuriösen Residenz des kapriziösen Kunstsammlers **Signor La Capra** wurden in den pompösen Sälen des **Palazzo Zenobio** **DO21 (A3/4)** gedreht. Wir erreichen ihn links vom *Campo dei Carmini* an der *Fondamenta del Socorso* Nummer *2597*. Die markante Gebäudefront an der Fondamenta stellt die Kulisse für die Haustüren zu den **Wohnungen** der charmanten, Männer mordenden Reisebürobesitzerin **Signora**

Der Palazzo Zenobio, während der Biennale 2015 Landespavillon von Litauen

Garten des Palazzo Zenobio mit dem prunkvollen Tor zu La Capras Anwesen und der historischen Bibliothek im Hintergrund

Geroni sowie der von Signor La Capra bedrohten amerikanischen Architektin **Brett Lynch** und ihrer Lebensgefährtin, der berühmten Opernsängerin **Flavia Petrelli** aus dem Ensemble des verstorbenen Dirigenten Wellauer dar.

Zur Biennale ist das verwitterte Bauwerk für die Öffentlichkeit zugänglich und bietet die Möglichkeit, sich die aus den Filmen bekannten Einstellungen in der Säulenhalle und den oberen Räumen, auf dem Balkon oder im Garten vor Ort zu vergegenwärtigen. Vom Garten aus erkennen wir in der Rückfront des Palazzo und dem prunkvollen Tor mit den goldenen Spitzen **La Capras Domizil** von außen. Der Gartenausgang des Anwesens führt zum *Corte Zappa* und dient von dort aus gesehen als Eingangsportal zur rechtslastigen **Biblioteca della Patria**.

Von seinem Fenster sieht Vice-Questore Patta auf der anderen Uferseite über dem einmündenden Rio die **Ponte Briati** 🎬 **DO22 (A3)**, auf der sich Alvise und Brunetti einen verbalen Schlagabtausch bezüglich Signora Gismondi liefern.

Wir folgen weiter der Fondamenta und erklimmen die *Ponte del Socorso* vor uns, auf deren anderer Seite die lauschige **Osteria Da Codroma** 🎬 **DO23 (A4)** mit ihren paar Tischchen direkt an der Ufermauer zu einer Einkehr verlockt. Dem gehetzten Vianello ist leider nur ein Espresso im Stehen vergönnt. Vice-Questore Patta verschwindet auch mal eben in die Bar und lässt den Commissario draußen stehen. Immerhin hat der seinem Chef die Erlaubnis abgerungen, auf der Fischerinsel Pellestrina ermitteln zu dürfen.

Von der Brücke lohnt nochmal der Blick zurück auf den *Palazzo Zenobio* mit der *Ponte Briati* schräg gegenüber. Die weiße *Chiesa di S. Raffaele Arcangelo* im Sichtfeld bleiben wir auf der *Fondamenta Socorso* am linken Ufer und laufen an deren Ende ein kleines Stück den von links einmündenden Rio entlang, bis wir ihn gleich mit der nächsten Brücke überqueren. Geradeaus

Die Osteria Da Codroma, nur eine Brücke vom Palazzo Zenobio entfernt

durch die *Calle de la Madalena* betreten wir den ursprünglichen *Campo drio il Cimitero.*

Im **Ristorante Pane, Vino e San Daniele** 🎬 **DO24 (A4)** links vor uns wird der hungrige Commissario konsequent vom Kellner ignoriert. Vianello hingegen kämpft vor seinem gefüllten Teller mit aufsteigender Übelkeit aufgrund des detailgetreuen Obduktionsberichtes von Dottor Aurino. Lediglich der Pathologe selbst lässt sich sein Tiramisu ungerührt schmecken.

Der Name des Lokals „Brot, Wein und San Daniele“ bezieht sich auf eine berühmte italienische Schinken-Spezialität, die wiederum nach ihrem Herkunftsort S. Daniele benannt ist.

An der Fondamenta de la Pescaria

Wir begeben uns mit der *Salizada de la Chiesa* weiter um die Kirche herum, die, nicht zuletzt wegen ihres Grundrisses in Form eines griechischen Kreuzes, einen Blick wert ist. Am frontal querenden Rio bewegen wir uns links entlang der *Fondamenta de la Pescaria* (s. Foto vorherige Doppelseite) durch ein unaufgeregtes, von Touristen komplett verschontes Wohnviertel mit bunten, an der Kaimauer vertäuten Booten. Auf einem Rasenstück werden liebevoll kleine Gemüsebeete gehegt.

Die nächste Brücke bringt uns über den Rio auf den länglichen *Corte Mazor*, von dem uns schon von Ferne verheißungsvoll die **Bar Al Canton** 🎬 **DO25 (A3)** entgegenlacht.

Die breite *Fondamenta de l'Arzere* führt neben dem von links einbiegenden Rio geradewegs unter die große Sonnenmarkise der legeren Bar. Erschöpft von seiner fruchtlosen Verfolgungsjagd stürzt Patta ein Glas Wasser hinunter, dieweil der Flüchtige unversehens neben ihm von der Mauer plumpst und sich derart überrumpelt widerstandslos festnehmen lässt.

Am Ende der *Fondamenta de l' Arzere* biegen wir in die *Calle de la Madona*. Über die nachfolgende Holzbrücke gelangen wir links und gleich wieder rechts auf eine lange schnurgerade Fondamenta. Nur durch den *Rio de S. Maria Maggiore* getrennt leitet uns der Weg vorbei am städtischen Männergefängnis, gefolgt von der abgeblätterten Fassade einer Wohnanlage.

Rio de S. Maria Maggiore

Wir stoßen auf eine Holzbrücke mit dem nüchternen Verwaltungsgebäude dahinter, welches in zwei Filmen als Außenkulisse für das **pathologische Institut 🎬 DO26 (A3)** mit seinem sympathischen Chefarzt Dottor Aurino dient. Kommissär Brauchli entkommt mit Vianello und Brunetti nur knapp Aurinos Obduktion des tot in seiner Badewanne aufgefundenen Signor da Prè.

Im Fall des verstorbenen Kadetten Moro soll die Expertise des Forensikers Klarheit bringen, ob es sich um Selbstmord oder doch eher um Mord handelt.

Die dritte der insgesamt drei Filmpathologien liegt in nur geringer Entfernung und wird in der S.-Croce-Tour vorgestellt.

Das erste Institut ist auf dem inzwischen sehr maroden, überwucherten Gelände des Ospedale al Mare am Lido di Venezia angesiedelt.

Beinahe am Ende unserer Exkursion angekommen verlassen wir vor eben genannter Holzbrücke das Sestiere Dorsoduro nach links über die Steinbrücke ins Sestiere S. Croce.

Von der *Fondamenta de la Cazziola* bemerken wir schon eine der drei spitz zulaufenden Brücken Venedigs, an deren Aufgang sich die **Hostaria Venexiana** ▬ **DO27 (A3)** zum kulinarischen Ausklang der Dorsoduro-Tour anbietet. Kommissär Brauchli spricht das typisch venezianische Lokal viel mehr an als der von Patta ins Auge gefasste erlauchte Club, und zähneknirschend beugt sich der Vice-Questore dem Wunsch seines Schweizer Gastes.

Tour 5: Santa Croce

2 Stunden

Hostaria Venexiana, Fondamenta de la Cazziola, Nähe Piazzale Roma (A3)

Pizzeria Due Colonne, Campo S. Agostin, Nähe Chiesa dei Frari (B3), Anleger S. Tomà

Mit dem hektischen Verkehrsknotenpunkt Piazzale Roma und dem Kreuzfahrtterminal für Luxusliner aus aller Welt gibt sich S. Croce an seinem westlichen Rand großstädtisch. Im Inneren weist es noch ruhige Wohngassen und behagliche Plätze auf, die wir bei unserem Spaziergang kennenlernen.

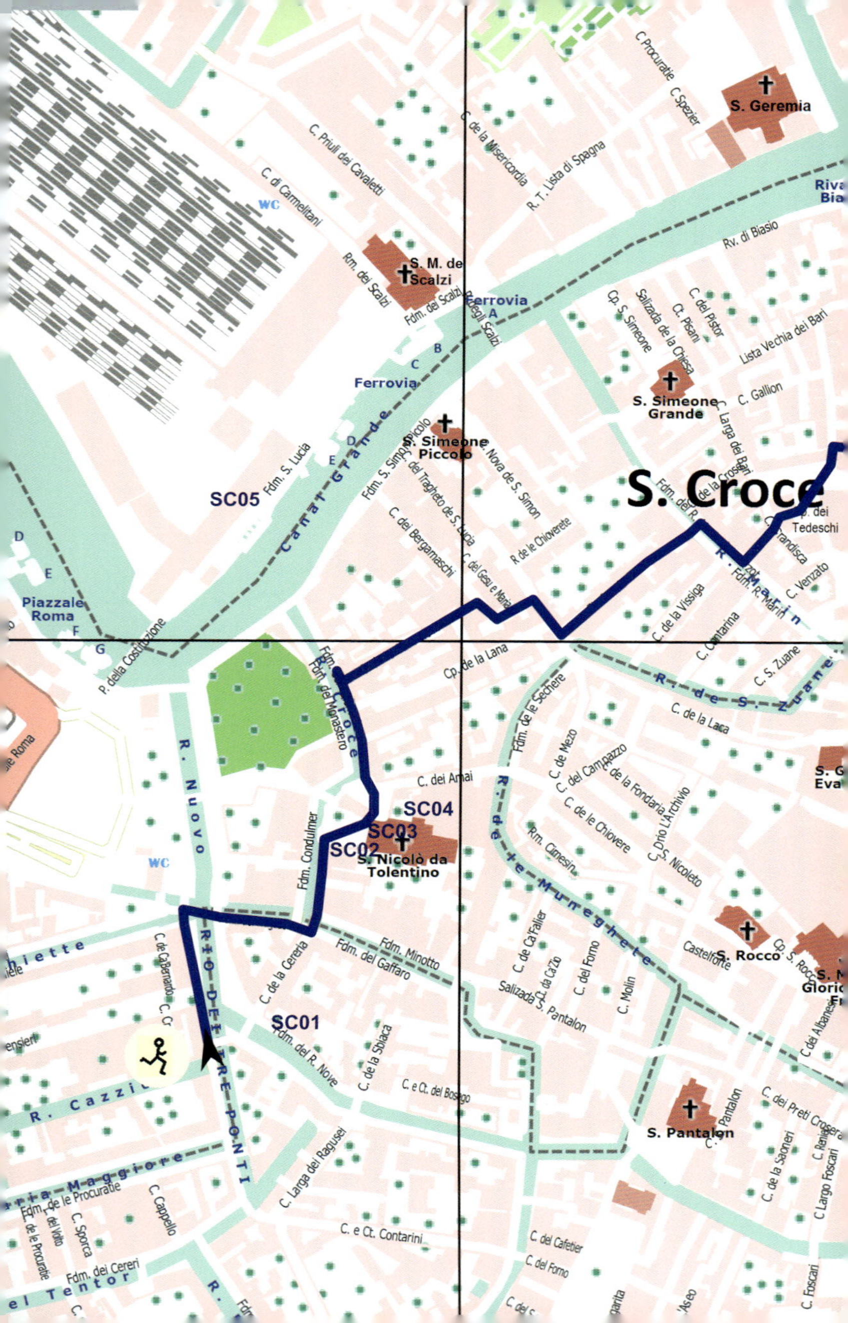
S. Croce
Canal Grande
S. Geremia
S. M. de Scalzi
S. Simeone Piccolo
S. Simeone Grande
S. Nicolò da Tolentino
S. Rocco
S. Pantalon
Piazzale Roma
Ferrovia
SC01
SC02
SC03
SC04
SC05
WC
R. Nuovo
RIO DEI TRE PONTI
R. de le Muneghete
R. de S. Zuane
R. Marin
R. Cazziola
C. Procuratie
C. Spezier
R. T. Lista di Spagna
C. de la Misericordia
C. Priuli dei Cavaletti
C. di Carmelitani
Rm. dei Scalzi
Fdm. dei Scalzi
P. degli Scalzi
Rv. di Biasio
Cp. S. Simeone
Salizada de la Chiesa
Ct. Pisani
C. del Pistor
Lista Vechia dei Bari
C. Gallion
C. Larga dei Bari
Fdm. S. Lucia
Fdm. S. Simeon Piccolo
C. del Traghetto de S. Lucia
C. Nova de S. Simon
C. dei Bergamaschi
C. del Gesù e Maria
R. de le Chiovere
C. de la Vissiga
Fdm. R. Marin
C. Venzato
C. Contarina
C. S. Zuane
C. de la Laca
Cp. de la Lana
P. della Costituzione
Fdm. del Monastero
Fdm. de le Sechere
C. dei Amai
C. de Mezo
C. del Campazzo
C. de la Fondaria
C. Drio L'Archivio
C. de le Chiovere
Rm. Cimesin
S. Nicoleto
Fdm. Condulmer
C. de la Cereria
Fdm. del Gaffaro
Fdm. Minotto
C. de Ca'Falier
C. del Forno
C. Molin
Salizada S. Pantalon
Castelforte
Cp. S. Rocco
C. dei Albanesi
Fdm. del R. Nove
C. de la Sbiaca
C. e Ct. del Bosco
C. Larga dei Ragusei
C. e Ct. Contarini
C. dei Preti Crosera
C. de la Saoneri
C. Larga Foscari
C. del Cafetier
C. Cappello
C. Sporca
Fdm. de le Procuratie
Fdm. dei Cereri
C. de Ca'Bernardo

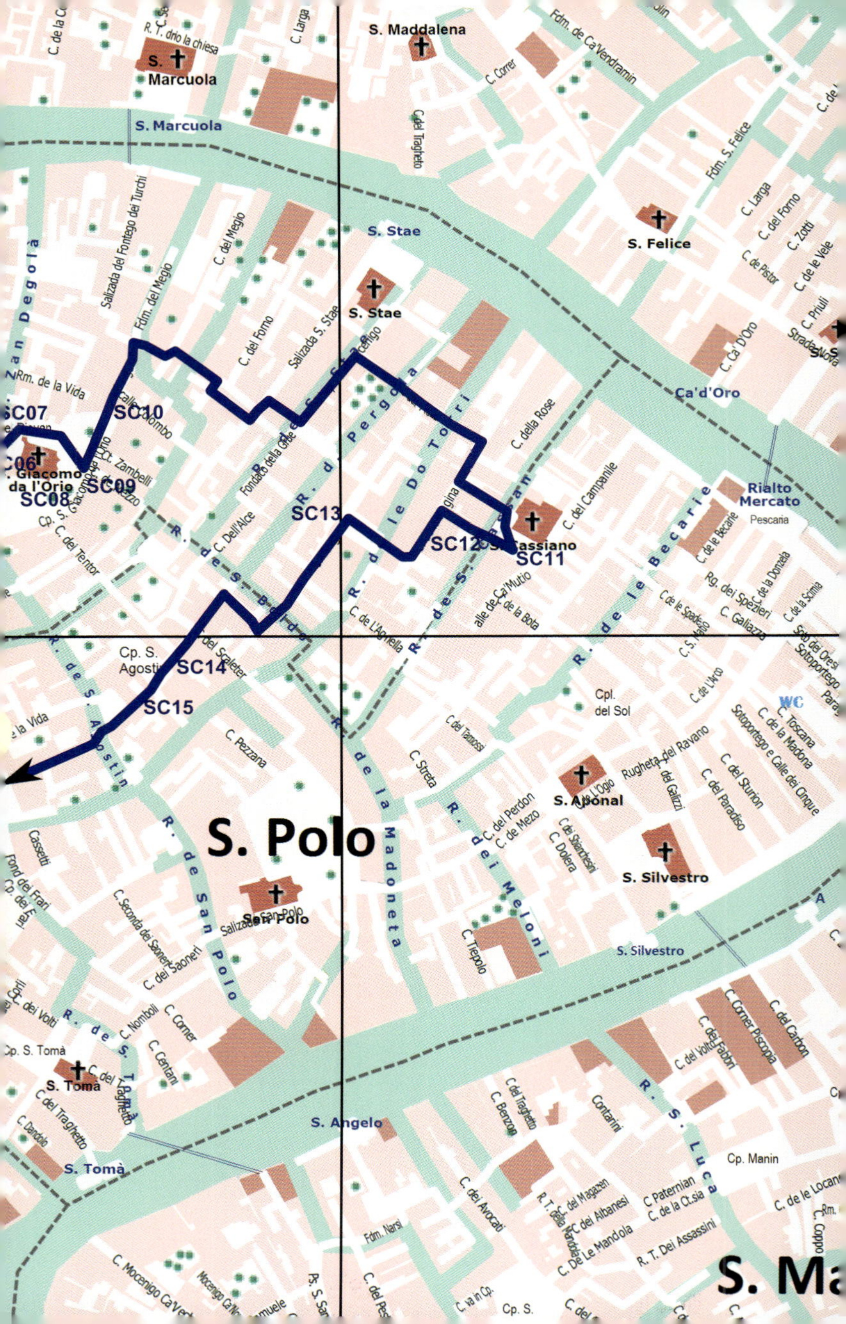
S. Maddalena
Marcuola
S. Marcuola
S. Stae
S. Felice
Ca'd'Oro
Rialto Mercato
Pescaria
S. Cassiano
SC07
SC06
SC08
SC09
SC10
SC11
SC12
SC13
SC14
SC15
S. Aponal
S. Silvestro
S. Polo
San Polo
S. Tomà
S. Angelo
Cp. Manin
Cpl. del Sol
Cp. S. Agostin
R. de le Becarie
R. de la Madoneta
R. dei Meloni
R. de San Polo
R. de S. Luca
C. della Rose
C. del Campanile
C. Pezzana
Salizada del Fontego dei Turchi
Fdm. del Megio
C. del Megio
C. del Forno
Salizada S. Stae
WC
S. Ma

Unser fünfter Spaziergang beginnt vor der in der Dorsoduro-Tour beschriebenen *Hostaria Venexiana*.

Am gegenüberliegenden Ufer erkennen wir schräg rechts hinter der weißen Brücke im Zweckbau des *Istituto Nazionale Previdenza Sociale* die auffällig gemusterte Filmkulisse des zweiten **pathologischen Instituts SC01 (A3)**, ebenfalls unter der Leitung des bewährten Rechtsmediziners Aurino. Captain Peters muss in der kalten Halle ihren amerikanischen Kollegen Sergent Foster identifizieren, und von Claudia Leonardos Autopsie hatten sich Brunetti und Vianello mehr Anhaltspunkte erhofft. Dass jedoch ein Leichnam wie der des Schwarzafrikaners Nando in einer Nacht-und-Nebel-Aktion nach Rom verfrachtet wird, stößt selbst Dottor Aurino vor den Kopf. Giovanni De Cal, Besitzer der gleichnamigen Glasbläserei auf Murano, gerät unters Messer, nachdem er völlig ausgedörrt vor seinem Brennofen gefunden wurde. Als bislang letztes Verbrechensopfer liegt der Veterinär Professor Nava auf der Bahre, dessen Todesursache zu klären für Dottor Aurino ein Leichtes ist.

Geradeaus weiter auf der Fondamenta trennt uns nur ein Katzensprung vom links einbiegenden behaglichen *Rio Terà dei*

Der mit Blumen geschmückte Rio Terà dei Pensieri

Pensieri (Foto vorherige Seite). Der breite, von Bäumen und Blumenbeeten gesäumte Weg wird jeden Donnerstag für einen Ökomarkt mit lokalen Produkten genutzt. Auch die von der San-Marco-Tour bereits bekannte Gefangenenhilfsorganisation Rio Terà dei Pensieri unterhält einen Stand mit selber gezogenem Biogemüse aus dem Frauengefängnis der Giudecca.

Der Spaziergang führt am genannten Rio Terà vorbei auf die rechts von uns liegende *Holzbrücke*. Von oben bietet sich ein interessanter Ausblick auf ein Konglomerat von fünfzehn (!) weiteren Brücken. Linkerhand liegt der hektische Verkehrsumschlagsplatz *Piazzale Roma*, an dem für Kraftfahrer definitiv die Reise beendet ist. Es werden jedoch vereinzelt Touristen gesichtet, die trotz massiver Poller und Warnhinweisen ihren Wagen in die autofreie Altstadt lenken und umgehend zwischen Kanälen und Brücken stecken bleiben. Deren Schlammassel wird gerne von schadenfrohen Anwohnern zur allgemeinen Belustigung in den sozialen Netzwerken veröffentlicht.

Wer zum Bahnhof, der Stazione S. Lucia, auf der anderen Seite des *Canal Grande* gelangen möchte, muss über die im Hintergrund sichtbare, skandalträchtige *Ponte della Costituzione* schlittern.

Die Brücke der Gefallenen

Die futuristische Ponte della Costituzione, im Volksmund Ponte dei Caduti (Brücke der Gefallenen) genannt, wurde 2008 nach endlosen Streitigkeiten zwischen Einwohnern und der Stadtregierung als direkte Verbindung zwischen der Piazzale Roma, dem Endpunkt des Straßenverkehrs, und dem Bahnhof mit dem dahinter liegenden Stadtteil Cannaregio fertiggestellt. Das vom spanischen Architekten Calatrava entworfene Bauwerk befindet sich im Kreuzfeuer der Kritik, weil die Bauzeit viel länger und die Kosten viel höher als geplant ausgefallen waren. Vor allem aber ärgert sich die Bevölkerung über die offensichtlichen Mängel des Bauwerks. Für den Gepäck- und Warentransport, sowie die zahllosen am Busbahnhof ankommenden Reisenden mit ihren Rollkoffern bilden die Stufen der Bogenbrücke ein unnötiges Hindernis. Die Rollstuhlfahrer wurden bei der Konstruktion komplett vergessen, so dass die Stadt für sie nachträglich eine seitlich entlanglaufende Kapsel angebracht hat, die allerdings nie in Anspruch genommen wird. Falls sie nicht - wie meistens - defekt ist, muss man die Benutzung der Kapsel einen Tag zuvor bei der Stadtverwaltung anmelden, deren „Meisterstück" als opera inutila, unnützes Bauwerk, bereits jetzt in die Geschichte eingegangen ist. Bei Regen oder Schnee wird die Brücke immer wieder aufgrund der erhöhten Unfallgefahr auf den glatten Glasstufen gesperrt, was ihr den Namen „Brücke der Gefallenen" eingebracht hat.

Die gläsernen Stufen der Ponte della Costituzione

Wir hingegen laufen in Verlängerung unserer Holzbrücke geradewegs unter den Torbögen des rotbraunen Neubaus hindurch und tauchen längs der *Fondamenta del Magazen* wieder ins pittoreske Centro Storico ein. Links über die zweite Brücke geht es entlang der *Fondamenta dei Tolentini* bis zu der breiten Freitreppe, an der vis à vis die deutsche Honorarkonsulin sowie das österreichische Konsulat ihren Sitz haben.

Im rechts am *Campo dei Tolentini* lokalisierten **Reisebüro 🎬 SC02 (A3)**, Nummer *183A*, dessen Schaufenster seinerzeit von Signora Brunetti aus Protest gegen die angebotenen Sexreisen eingeworfen wurde, hat sich mittlerweile ein Immobilienmakler eingerichtet. Wir begeben uns über den Platz zu der tempelartigen **Chiesa S. Nicola del Tolentino 🎬 SC03 (A3)**,

Chiesa dei Tolentini

unter deren Säulengang der Commissario seiner aufgewühlten Gattin vom Mord an Signor Mitri, dem Besitzer ebendieses Reisebüros berichtet. Links durch die Säulen hindurch erreichen wir den modernen Betoneingang der **Universität SC04 (A3)**, in der Paola lehrt und von Guido ungeduldig erwartet wird.

Auf dem gemütlichen Plätzchen mit der ansprechenden Melange an Bars, kleinen Läden und nicht zu vielen Souvenirständen wenden wir uns zum Rio und folgen dem Verlauf der breiten *Fondamenta dei Tolentini*. Frontal ragt am anderen Ufer des querenden *Canal Grande* ein frisch renovierter altrosafarbener Gebäudekomplex mit einem langen zentralen Steinbalkon und einer in die Dachbalustrade integrierten Uhr in die Höhe.

Dort ist das **Bankhaus von Signor Fulgoni SC05 (A2)** angesiedelt (Foto S. 168 f.), dem dieser bald als Direktor vorstehen soll. Auf der rechts angrenzenden, von uns aus nicht sichtbaren, niedrigeren Dachterrasse findet die Inauguration statt, an der Fulgoni sich nicht lange erfreuen darf, da seine Gattin wegen Mordes an seinem (!) Liebhaber verhaftet wird.

Bei Hausnummer *224* biegen wir rechts in den von einer verschlissenen hölzernen Decke überspannten und mit einem Bildstock versehenen *Sotoportego de le Case Nove* ein. Die anschließende gerade Gasse gleichen Namens ist eine typische Wohngasse mit gewöhnlichen Miethäusern, zum Teil auch neueren Datums. An deren Ende lenkt uns der Weg rechts versetzt weiter durch den *Ramo de le Muneghe*. Wir folgen dem Verlauf der Calle nach rechts auf einen Rio zu und schwenken kurz davor links in den langgezogenen *Corte Canal* mit seinen zwei Brunnen und dem dazwischenliegenden Ristorante ein. Das Viertel wird wieder lebendiger und ausgesprochen malerisch. Der *Cor-*

te Canal öffnet sich durch einen niedrigen (Vorsicht Kopf einziehen!) Sotoportego zum romantischen *Rio Marin*, den wir überqueren.

An der gleichnamigen Fondamenta halten wir uns rechts und nehmen die nächstmögliche Calle an dem roten Haus links, welche uns nach einer Quergasse durch den *Ramo del Stradon* auf den wenig spektakulären *Campo dei Tedeschi* bringt. Wir durchlaufen ihn schräg nach links und gelangen bei der Hausnummer *1090B* in den schmalen *Ramo Orsetti*, den wir umgehend rechts durch die schnurgerade *Ruga Vechia* wieder verlassen.

In Blickrichtung weist bereits der bescheidene Haupteingang der **Chiesa S. Giacomo da l'Orio** 📖 **SC06 (B2)** den richtigen Weg.

Von der Brücke fällt mal wieder ein schiefer Kirchturm auf, diesmal von eben genannter Kirche. Im Zuge seiner Ermittlungen verschlägt es den Commissario hier in die Gegend, wo er gerne noch einen Blick in das Gotteshaus werfen möchte. In Ermangelung einer Identitätskarte gelingt es

Kurz vor dem Portal der Chiesa S. Giacomo da l'Orio

Das Bankhaus von Signor Fulgoni mit den drei Fahnen am Balkon

ihm trotz Vorlage seiner Dienstmarke nicht, sich als Venezianer auszuweisen, so dass er wie die Touristen 2,50 Euro (mittlerweile 3 Euro!) Eintritt löhnen muss.

Das Portal liegt am verträumten *Campiello del Piovan* mit den saisonal vor dem Rio aufgebauten Tischen des **Ristorante Il Refolo** 🎬 **SC07 (B2)**. Undercover bezirzt die frisch gebackene Kommissarin Caspari beim Candle Light Dinner den in den aktuellen Fall verwickelten obskuren Besitzer eines rechtslastigen Museums. Doch zu ihrer beider Verdruss beendet der furiose Auftritt seiner von Eifersucht zerfressenen Ehefrau den so vielversprechend begonnenen Abend.

Zwischen der Häuserfront beim *Il Refolo* und dem Glockenturm geht das Plätzchen in den volkstümlichen, sich um die Kirche windenden **Campo S. Giacomo da l'Orio** 📖 **SC08 (B2)** über. Nur ungern begibt sich Brunetti auf den Platz, der in seiner Jugend als kriminelles Pflaster und Drogenumschlagplatz galt. Sein aktueller Fall zwingt ihn jedoch, an einem Treffen der ultrafrommen „Kinder Jesu Christi" teilzunehmen.

Es herrscht reger Betrieb mit diversen Läden, Bars, meist besetzten Parkbänken unter Platanen und vielen spielenden

Kindern. Besonders hübsch sind die kleinen, mit Hingabe angelegten Stadtgärtchen, die von einer Nachbarschaftsinitiative ins Leben gerufen wurden.

Aber auch das Entsetzen lauert gegenüber der ausgeprägten Apsis in der *Calle de Mezo 1590*, wo Signora Giusti ihre selbstlose Nachbarin **Signora Altavilla** 🕮 **SC09 (B2)** tot in deren Wohnung auffinden muss.

Wir verlassen den Platz, kommend vom *Campiello del Piovan*, hinter den Gärtchen an der linken Platzflanke durch die *Calle Larga*.

In der mittlerweile der **Majer**-Kette angehörigen **Gelateria** 🕮 **SC10 (B2)** können wir mit viel Glück Paolas Lieblingseis mit Feigengeschmack probieren, die damit ihre gesamte Familie verköstigt. Sie schickt auch schon mal die Kinder zum Eis holen, um zwischenzeitlich mit ihrem Gatten ein Hühnchen zu rupfen.

Nach der schräg über den Rio verlaufenden Brücke stehen wir vor einem Geschäft mit dem gemalten Schild eines Colori Ferramenta (Farben und Eisenwaren). In solchen Geschäften, die ein buntes Warensammelsurium vorhalten, gibt es, auch in winzigen Mengen, einfach alles, was man in und ums Haus herum braucht.

Von diesem Mini-Baumarkt venezianischer Art geht es im Zickzack über *Ramo* und *Ponte del Tentor* und bei Hausnummer *1811* rechts zwischen Ziegelsteinmauern in die hautenge *Calle dei Mercanti*. Wenige Schritte später öffnet sich nach links ein, wenn das überhaupt möglich ist, noch schmalerer Durchgang.

Auf der *Salizada Carminati* werden wir wieder ausgespuckt und wenden uns links in Richtung des Museums *Palazzo Mocenigo*, das die Wohnkultur venezianischer Patrizier des 17. und 18. Jahrhunderts veranschaulicht. Am Eck davor, bei Hausnummer *1994*, reihen wir uns ein kurzes Stück nach rechts in den unaufhörlichen Pilgerstrom Richtung *Rialto* und *S. Marco*

Die hautenge Calle dei Mercanti

Blick durch den Ramo del Tiozzi zum Campo S. Maria Mater Domini

ein. Am Beginn des hübschen, von zwei Wasserläufen eingerahmten *Campiello del Spezier* schlagen wir uns links in die *Fondamenta Rimpeto Mocenigo* und folgen, wieder in ruhigeren Gefilden, dem von einem Mäuerchen gesäumten Uferweg. Links begleitet von der Schaufront des *Palazzo Mocenigo* spazieren wir bis zu der steilen Steinbrücke, die zu einem Hoteleingang am anderen Ufer führt. Hier biegen wir in die geruhsame *Calle va al Forno*, in der an der *Ponte del Forner* bei Hausnummer *2060* die Betrachtung des Wandfrieses lohnt. Späht man gleich darauf rechts in den *Ramo del Tiozzi*, reicht der Blick durch mehrere niedrige Durchgänge und Höfe hindurch bis zum *Campo S. Maria Mater Domini*, den wir etwas später noch besuchen werden.

Weiter dem Verlauf unserer Gasse über die *Ponte del Ravano* folgend wenden wir uns in die querende Gasse rechts und bei Hausnummer *2244* wieder links in die „Totengasse", *Calle dei Morti*.

Das friedliche Wohngässchen bringt uns über den *Rio de S. Cassan* zu der weißen, äußerlich schmucklosen **Chiesa S. Cassiano** 🕮 **SC11 (C2)**. Die bewegende Kreuzigungsszene aus dem 16. Jahrhundert von Jacopo Tintoretto darf der Commissario diesmal kostenfrei bewundern, bevor er seine Wanderung zum ungeliebten Campo S. Giacomo da l'Orio antritt.

Mit dem *Campo S. Cassian* haben wir unseren Fuß für einen Augenblick in das Sestiere S. Polo gesetzt, das sich mit S. Croce die enge östliche Schleife des Canal Grande teilt. Wir verlassen es umgehend wieder, indem wir erneut den *Rio de S. Cassan*, aber jetzt über die parallele *Ponte Giovanni Andrea de la Croce*, überqueren.

Campo S. Cassian

Im *Sotoportego de Siora Bettina* versteckt sich der Eingang zur bodenständigen **Osteria Trattoria Al Nono Risorto SC12 (C2)**, die mit ihrem lauschigen Garten und rustikalen Innenraum zu einem zünftigen Mittag- oder Abendessen einlädt. Auch dem trinkfesten Kunstkritiker Padovani scheint es dort zu schmecken. Nachdem er einmal alleine getafelt hat, lässt er sich vom Commissario freihalten und versorgt ihn im Gegenzug mit schändlichen Details aus dem Leben des verstorbenen Dirigenten Wellauer.

Der Eingang zum Al Nono Risorto

Durch den Sotoportego hindurch geht es links in die *Calle de la Regina*. Auf dem Weg passieren wir einen Bioladen, der bekannte deutsche Ökomarken und Naturkosmetik im Sortiment führt. Kurz danach wenden wir uns rechts in den *Ramo de la Regina*.

Mascaris Wohnzimmerfenster

Über die nächste Brücke gelangen wir auf den regen **Campo S. Maria Mater Domini SC13 (B/C2)**, wo Signora Mascari im ansehnlichen Palazzo Nummer *2121* mit dem Mord an ihrem als Transvestit geschmähten Gatten zurechtkommen muss.

Blick auf den Campo S. Maria Mater Domini

Direkt davor müssen wir uns hoffentlich nicht zu sehr durch die zeitweise sehr frequentierte *Calle Longa* nach links quetschen. Mit der *Ponte del Forner* betreten wir erneut das Sestiere S. Polo und zweigen circa zehn Schritte weiter unter den Torbogen rechts ab vom Hauptstrom der Passanten. Geradeaus über den *Campiello del Forner*, auf dem uns links ein Madonnenfries mit Kind anspricht, fällt uns die ungewöhnliche Häufung an in den Ecken verteilten Antipinkelsteinen (s. Pinkeln verboten, S. 19) auf. Unter einen Sotoportego hindurch gelangen wir zu dem breiteren *Rio Terà Secondo*, auf dem wir uns links bis zum *Campo S. Agostin* bewegen.

Noch vor dem Platz bemerken wir links bei den Hausnummern *2310* und *2311* zwei Tafeln, die den Standort der historischen **Druckerei von Aldus Manutius** 📖 **SC14 (B3)** belegen. Contessa Morosini Albani verweist auf den berühmten Verleger und Erfinder der Kursivschrift, um dem Commissario die jahrhundertealte Tradition venezianischer Buchdruckkunst zu verdeutlichen.

Ehemalige Druckerei von Aldus Manutius

Gleich hinter dem *Campo S. Agostin* haben wir unser Etappenziel beim **Due Colonne** 🕮 **SC15 (B3)** erreicht. Paolo liebt die vorzüglichen Pizzen des Lokals, weswegen sich der Commissario nicht lumpen lässt und seine Frau kurzerhand zum Essen einlädt. Seit deren folgenschwerem Fensterwurf hängt der Haussegen gründlich schief und soll in der Pizzeria wieder gerade gerichtet werden.

Um zum Startpunkt der S. Polo Tour zu gelangen, laufen wir am *Due Colonne* weiter und passieren den hübsch am Rio gelegenen *Campiello S. Agostin*. Über die linke Brücke erreichen wir die *Calle de Ca' Donà*, die uns zum *Campo S. Stin* bringt.

Tour 6: San Polo

2 ½ Stunden

Campo S. Stin, Nähe Chiesa dei Frari (B3), Anleger S. Tomà

Trattoria della Madonna, Calle de la Madona, Nähe Anleger Rialto (C3)

Im kleinsten Sestiere, S. Polo, wechseln wir von großen, mit monumentalen Kirchenbauten bestandenen Plätzen ins enge Gassenlabyrinth, durch dessen hohe Häuserschluchten wir ins Herz der Stadt zum pulsierenden Marktviertel unterhalb der berühmten Rialtobrücke gelangen.

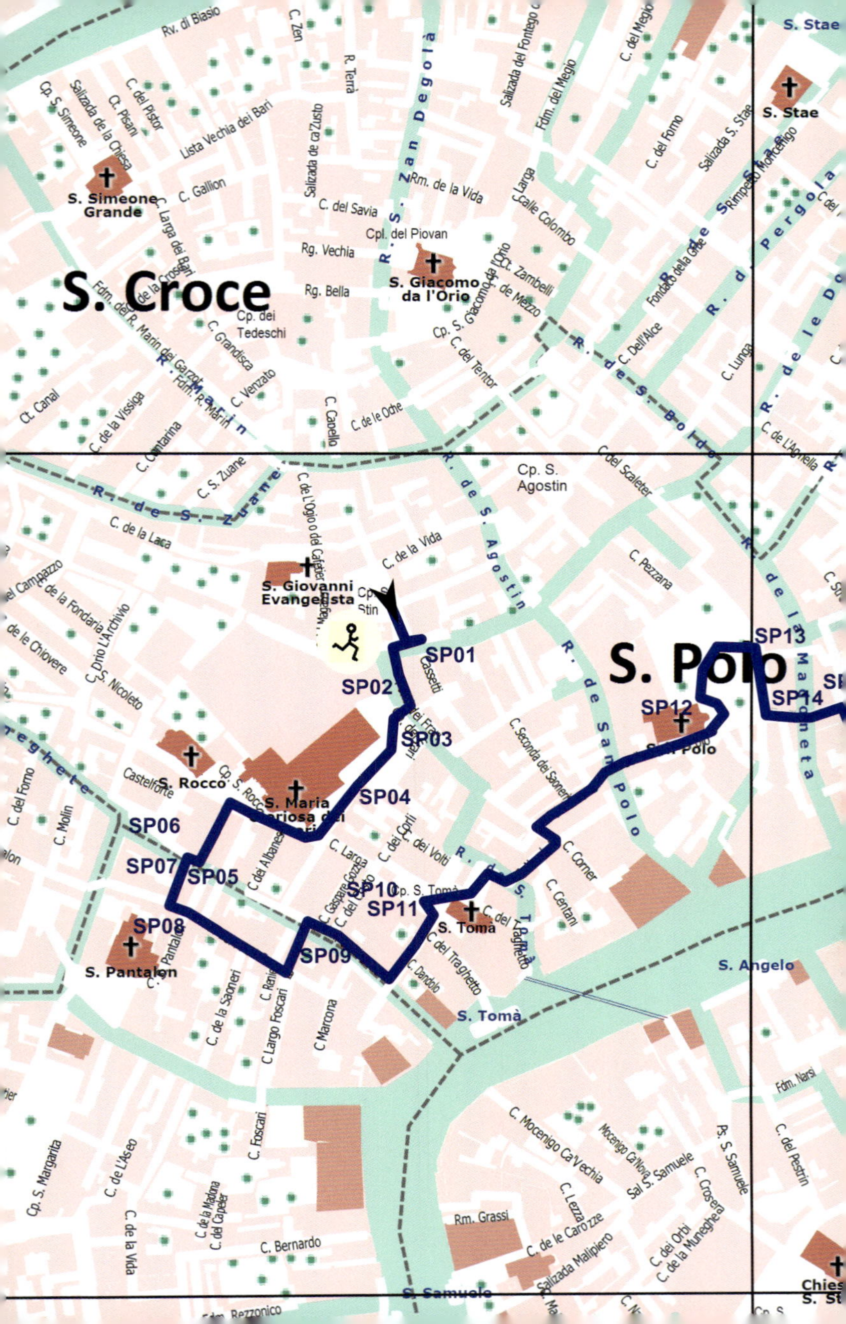
S. Croce
S. Polo
S. Simeone Grande
S. Giacomo da l'Orio
S. Giovanni Evangelista
S. Rocco
S. Maria Gloriosa dei Frari
S. Pantalon
S. Tomà
S. Stae
S. Angelo
S. Samuele
SP01
SP02
SP03
SP04
SP05
SP06
SP07
SP08
SP09
SP10
SP11
SP12
SP13
SP14
Cp. S. Agostin
Cp. dei Tedeschi
Cpl. del Piovan
R. S. Zan Degolà
R. de S. Agostin
R. de San Polo
R. de S. Boldo
R. de S. Zuane
R. Marin
R. de la Madoneta
R. d. Pergola
Lista Vechia dei Bari
C. Larga dei Bari
Fdm. dei R. Marin dei Garzoti
C. Gallion
Rm. de la Vida
C. de la Vida
C. del Savia
Rg. Vechia
Rg. Bella
Calle Colombo
C. Seconda dei Saoneri
C. Corner
C. Centani
C. del Traghetto
C. Dandolo
C. Largo Foscari
C. Marcona
C. de la Saoneri
C. Pezzana
Cassetti
Castelforte
C. Molin
Cp. S. Margarita
C. Foscari
C. Bernardo
Rm. Grassi
C. Mocenigo Ca' Vechia
Salizada Malipiero
C. de le Carozze
C. Lezza
Sal S. Samuele
C. Crosera
Fdm. Narsi
C. del Pestrin
Salizada S. Stae
Rv. di Biasio
C. Zen
R. Terà
Salizada de ca'Zusto
C. del Megio
Fdm. del Megio
C. del Forno
C. Lunga
C. Dell'Alce
Ct. Zambelli
C. del Tentor
C. de le Oche
C. Capello
C. Venzato
C. Grandiscа
Ct. Canal
C. de la Vissiga
C. Contarina
C. S. Zuane
C. de la Laca
C. S. Nicoleto
C. de le Chiovere
C. del Scaleter
C. de L'Agnella
Cp. S. Tomà
C. dei Volti
C. Larga
C. dei Corli
C. dei Albanesi
C. de L'Aseo
C. de la Vida
C. de la Madona
C. del Capeler

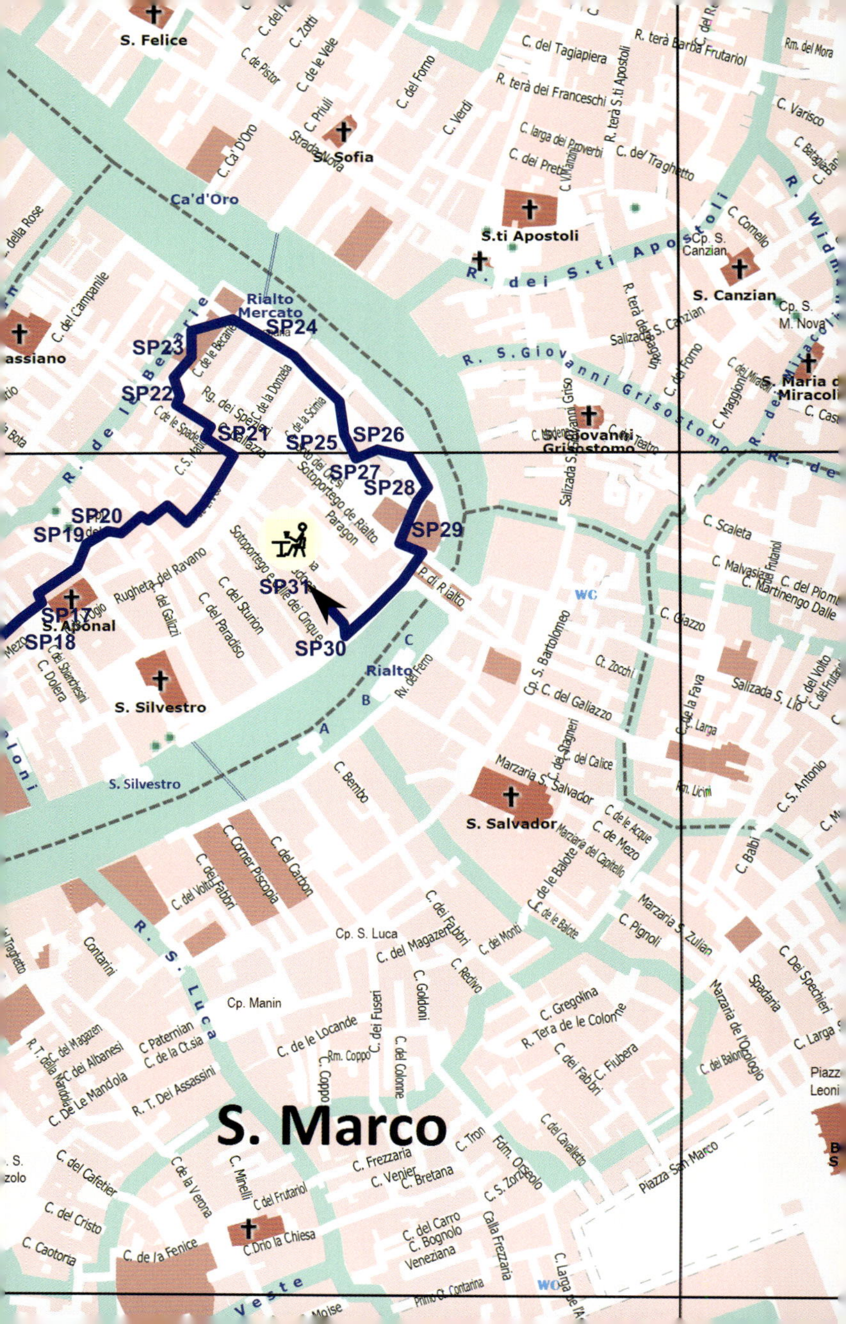

S. Felice
S. Sofia
Ca'd'Oro
S.ti Apostoli
R. dei S.ti Apostoli
S. Canzian
Rialto Mercato
SP22
SP23
SP24
SP21
SP25
SP26
SP27
SP28
SP29
SP20
SP19
SP17
SP18
SP30
SP31
S. Aponal
S. Silvestro
Rialto
S. Giovanni Grisostomo
R. S. Giovanni Grisostomo
S. Salvador
S. Maria dei Miracoli
R. S. Luca
Cp. S. Luca
Cp. Manin
S. Marco
Piazza San Marco
C. del Tagiapiera
R. terà dei Franceschi
C. Varisco
C. dei Preti
C. Comello
C. Scaleta
C. Malvasia
C. Giazzo
Salizada S. Lio
C. Bembo
Marzaria S. Salvador
C. Pignoli
C. del Carbon
C. Corner Piscopia
C. dei Fabbri
C. del Magazen
C. Goldoni
C. Gregolina
C. Fiubera
C. de le Locande
C. dei Fuseri
C. de le Colonne
C. Frezzaria
C. Venier
C. Bretana
C. del Cafetier
C. del Cristo
C. Caotoria
C. de la Fenice
C. de la Verona
C. Minelli
C. del Frutariol
C. Drio la Chiesa
C. del Carro
C. Bognolo
Veneziana
Calla Frezzaria
Rugheta del Ravano
C. del Paradiso
C. del Sturion
Sotoportego de Rialto
Paragon
P. di Rialto
C. Dolera
S. Cassiano
C. del Campanile
R. de le Becarie
Rg. dei Speziali
C. de la Donzela
C. Ca' D'Oro
Strada Nova
C. Priuli
C. del Forno
C. Verdi
C. Contarini
C. Paternian
R. T. Dei Assassini
C. De Le Mandola
C. dei Albanesi
C. Dei Specchieri
Spadaria
Marzaria de l'Orologio
C. del Cavalletto
C. Tron
Fdm. Orseolo
C. S. Zorzi
WC

Unser sechster Spaziergang beginnt am volkstümlichen *Campo S. Stin*, von dem wir uns bei der Apotheke zum *Rio de S. Stin* hin entfernen.

Schräg links am gegenüberliegenden Ufer erkennen wir in dem gotischen Palazzo mit den weißblauen Anlegerpfosten das **Haus von Signor Puntera 🎬 SP01 (B3)**, in dessen Innenhof sein Mieter Fontana, Nachbar des angehenden Bankdirektors Fulgoni, erschlagen wird.

Wir laufen über die *Ponte S. Stin* und befinden uns damit bereits am *Rio dei Frari* mit unserem nächsten Ziel, dem *Campo dei Frari*, vor Augen.

Das Archivo die Stato

Das rechts am Platzeck gelegene **Archivo di Stato 🎬 SP02 (B3)** dient als Kulisse für die Carabinieri-Station, in die Brunetti und Vianello den in Sachen Tierwohl wenig zimperlichen Schlachter Leonardo Bianchi zum Verhör bringen.

Leider nur für zwei Verfilmungen wurde an der Freitreppe bei der Gondelanlegestelle ein kleines **Ufercafé 🎬 SP03 (B3)** aufgebaut. In der Augusthitze kämpft Vianello mit dem Sonnenschirm, während in seinem Schatten Elettra und Brunetti bei einem kühlen Drink über die Motive des vermeintlich sozialen Immobilienbesitzers Signor Puntera spekulieren.

Claudio Niccolini, Sohn der verstorbenen Signora Altavilla, wird im Café von Brunetti und Vianello schonend über die wahren Todesumstände seiner Mutter aufgeklärt.

In dem Häuschen links vom Kirchturm wohnt Signorina Baresi; im Vordergrund die Gondelanlegestelle.

An denselben Uferstufen holen Sanitäter den verletzten Signor Dal Carlo mit einem Ambulanzboot ab, nachdem dessen Sekretärin und Gespielin **Signorina Baresi** ihn zuvor in ihrer **Wohnung Nummer 3006 🎬 SP04 (B3)** links vom Seitenportal der *Basilika* hart attackiert hatte.

In die den Platz beherrschende gotische Franziskanerkirche sollte man zumindest einen Blick hineinwerfen, gilt sie doch nicht zuletzt aufgrund des wegweisenden Altarbildes von Tizian und zahlreicher aufwändig gestalteter Grabmäler als einer der bedeutendsten Sakralbauten Venedigs. Davor kann man des Öfteren professionellen Straßenmusikern lauschen, die eine erfrischende Abwechslung zu den üblichen Volare-Cantare-Gesängen vor den einschlägigen Restaurants zu Gehör bringen.

Nur ungern verlassen wir den lebendigen *Campo dei Frari* und laufen bei der Wohnung von Signora Baresi am Seiteneingang vorbei um die Kirche herum. Unmittelbar vor der *Scuola Grande di S. Rocco*, mit deren Ausgestaltung sich das venezianische Malergenie Tintoretto ein Denkmal gesetzt hat, wenden wir uns nach links in die *Calle Fianco de la Scuola*.

Einen schlanken, hoch aufragenden Kirchturm im Blick tut sich vor dem Rio rechts versetzt unvermittelt die **Ponte de la Scuola 📖 SP05 (B3)** auf, die ins Sestiere Dorsoduro führt. Francesca Santello, eine junge Gesangsstudentin und Bewunderin Flavia Petrellis, wird auf ihrem Heimweg hinterrücks die Brückenstufen hinuntergestoßen und von zwei Carabinieri bewusstlos mit schweren Verletzungen aufgefunden.

Ein weiteres Verbrechen, diesmal mit tödlichem Ausgang, geschieht auf dem von der Brücke aus rechterhand erkennbaren **Campo Castelforte 🎬 SP06 (B3)**. Dort ist der Commissario zu nächtlicher Stunde mit seinem Informanten Giuseppe Ruffolo verabredet, der leider zuviel wusste, so dass Brunetti nur noch seine Leiche an der Ufertreppe antrifft.

Immerhin lebendig wird am selben Platz der wegen Betrügereien aus dem Altenheim Casa di Cura entlassene Pfleger Sergio Cucetti von Vianello und Brunetti abgeführt. Aus seinem Zimmerfenster direkt rechts vor uns versucht Cucetti nämlich, eine Armbeuge an gestohlenen Medikamenten diskret im Rio zu entsorgen, vor den Augen des auf unserer Brücke nur darauf wartenden Ispettore Vianello ...

Das Fenster direkt rechts oberhalb der Brücke gehört zu Cucettis Wohnung

Vorbei am Eingang zu **Cucettis Wohnung 🎬 SP07 (B3)** in der *Calle della Scuola 3799A* bummeln wir geradewegs auf die Schaufensterauslagen der vom Commissario gerne besuchten **Pasticceria Tonolo 📖 SP08 (B3)** zu, die wir uns nicht entgehen lassen wollen.

Wir schlendern links zum Eingang der Konditorei, in der Leckermäuler ein reichhaltiges Sortiment an Pralinen und Gebäck vorfinden. Nur der von Brunetti gepriesene cremegefüllte Schwan ist uns bislang nicht untergekommen.

Campo Castelforte

Nachdem wir uns satt gesehen oder gegessen haben, ignorieren wir die am Eingang des Tonolo rechts wegführende Gasse und laufen die geschäftige *Crosera S. Pantalon* geradeaus bis zur zweiten Gassenkreuzung.

An den mit roter Farbe auf einen Eckpfeiler geschriebenen Wegweisern (Haus Nummer *3914A*) wenden wir uns neben dem Souvenirladen links in eine trotz Läden und Restaurants recht ruhige Gasse und überschreiten mit der Brücke die Grenze zurück nach S. Polo.

Auf der anderen Wasserseite drehen wir uns nochmal zur Brücke, wo im ersten Stock links über der Trattoria die **Wohnung eines kriminellen Carabiniere 🎬 SP09 (B3)** lokalisiert ist. Der „Gesetzeshüter" verhökert gewinnbringend das Diebesgut, welches er bei Sinti-und-Roma-Kindern in Auftrag gibt.

Den Rio auf der rechten Seite laufen wir entlang der *Fondamenta del Forner*, um an deren Ende in die *Calle del Campaniel* abzubiegen.

Die Gasse bringt uns zum bezaubernden *Campo S. Tomà*, auf dem die blendend weiße *Chiesa S. Tomà* der (eine Bibliothek beherbergenden) *Scuola dei Calegheri* mit der bemerkenswerten farbigen Lünette gegenüber steht. Das Flachrelief zeigt den heiligen Markus, der einen Schuhmacher heilt. Auf die ehemalige Zunft der Schuhmacher weisen auch die drei eingemeißelten Schuhe unter der Lünette hin.

Der Commissario nutzt die blank geputzten Scheiben des am Platz ansässigen **Maklerbüros** 🕮 **SP10 (B3)**, Nummer *2863* (mittlerweile ein Kleiderladen für Kinder), zur unauffälligen Beschattung von Vianellos alter Tante. Sie steht „unter Verdacht", ihr Geld unseriösen Heilsversprechern in den Rachen zu werfen, anstatt es für ihre „darbenden" Erben zusammen zu halten.

Der Campo San Tomà

Drei Häuser daneben stolpert im Laden Nummer *2867* der **Antiquitätenhändler** 🎬 **SP11 (B3)** Murino über riskante Geschäftsbeziehungen, wofür er mit seinem Leben bezahlt.

An der Kirche vorbei gelangen wir nach rechts auf den *Campiello S. Tomà*, wo uns ein schönes Basrelief mit der Schutzmantelmadonna an der Seitenfront auffällt.

Wir laufen diagonal zum Rio und weiter entlang seiner Fondamenta, bis der Weg über die Brücke in die *Calle dei Nomboli* führt. Zu unserer Rechten steht das Geburtshaus des beliebten Komödiendichters Carlo Goldoni, das gegen Eintritt besichtigt werden kann. Ein Blick von außen in den Hof mit hübschem Brunnen und Treppenaufgang lohnt allemal.

Bei der nächsten Möglichkeit biegen wir links in den breiten *Rio Terrà dei Nomboli* und drängen uns im Touristenstrom gleich wieder rechts durch die *Calle dei Saoneri* über die *Ponte S. Polo*.

Zwischen dem eingebauten Campanile und dem Kirchenschiff der **Chiesa di S. Polo** 🕮 **SP12 (B3)** erreichen wir den weitläufigen *Campo S. Polo*, wo wir am zweitgrößten Platz Venedigs wieder ordentlich durchatmen können. Der im Anbau der Kirche lebende Don Luciano steht Brunettis Heimatpfarrei solange vor, bis die Familie seinem anzüglichen Treiben mit ihm anvertrauten Schülerinnen einen Riegel vorschiebt.

Im Gotteshaus selbst, das unter anderem mit einem Abendmahl von Tintoretto aufwartet, erweist eine kleine Trauergemeinde einer vor Verzweiflung freiwillig aus dem Leben geschiedenen Laborantin des Ospedale Civile die letzte Ehre.

Der Innenhof des Geburtshauses von Carlo Goldoni

Die Chiesa di S. Polo

An der gegenüber liegenden Seite des Platzes, wo man häufig Kindern beim Fußballspielen zusehen kann, sticht der gotische **Palazzo der Adelsfamilie Soranzo** 🕮 **SP13 (B/C3)**, Nummer *2170*, heraus. In den noblen Gemäuern befindet sich die Kanzlei des integren Avvocato Zambino, der Brunettis schlechte Meinung über Anwälte ein Stück weit revidiert.

Fensterfront des Palazzo Sorano

Rechts davon, am Eck zur *Calle de la Madoneta*, bietet sich die **Cico Bar** 🕮 **SP14 (C3)** an, um wie der Commissario bei einem Spritz ein wenig in den Tag zu träumen. Brunetti wird allerdings durch das Auftauchen des unliebsamen Tenente Scarpa rasch wieder in die Realität katapultiert.

Anschließend verlassen wir den Campo hinter der *Cico Bar* durch die *Calle de la Madoneta* und biegen nach der Brücke bei der ersten Möglichkeit rechts in die stille *Calle del Forno* ein.

Frontal erhebt sich in der querenden *Calle Dolera Attorno al Brusa 1421A* das grauweiße Romanhaus der **Familie Brunetti** 🕮 **SP15 (C3)**. Deren Wohnung mit der großzügigen Dachterasse befindet sich im vierten Stockwerk mit Blick auf den Glockenturm der Chiesa S. Polo. Wegen der im selben Haus lebenden Sara Paganuzzi erlebt Sohn Raffi erste hormonelle Aufwallungen. Die Gefühle seiner Eltern hingegen geraten in Wallung, als sie sich mit der Ungeheuerlichkeit konfrontiert sehen, ihre Wohnung sei illegal errichtet und vom Abriss bedroht (Die bekannte Dachterrasse aus den Verfilmungen wird auf der Canal-Grande-Tour vorgestellt).

Nur ein Gässchen vom Touristenstrom entfernt liegt versteckt das Wohnhaus der Familie Brunetti.

Vor dem Haus wenden wir uns nach links und folgen dem Zickzack-Verlauf der *Calle del Papadopoli*. Kurz vor ihrem Ende schlüpfen wir links durch die enge *Calle de la Malvasia* und stoßen auf den *Campiello dei Meloni*.

Gegenüber, im *Haus 1476*, war bis zum Jahr 2010 Brunettis einstiger Lieblingsblumenladen **Biancat** 🕮 **SP16 (C3)** mit seiner fantasievollen Schaufensterdekoration und dem freundlichen Besitzer angesiedelt. Nicht nur der Commissario überraschte seine Paola gerne mit frischem Flieder oder Iris. Auch Signorina Elettra hübschte die Questura mit Blumenarrangements von Biancat auf, bis Vice-Questore Patta die Gelder dafür zusammenstrich.

Blumenladen Biancat (1/2009)

Uns rechts haltend überqueren wir die platzartige *Ponte dei Meloni* und laufen in die linke *Calle del Perdon*, die links versetzt geradeaus auf den kleinen **Campo S. Aponal** 🕮 **SP17 (C3)** führt. Auf seinem Weg zur Arbeit versorgt sich Brunetti im Zeitungsladen rechts gegenüber des Öfteren mit den tagesaktuellen Ausgaben.

Vor Hochwasser und Starkregen flieht er mit Flavia Petrelli und Vianello hinter die beschlagenen Glasscheiben des **Ristorante Pizzeria S. Aponal 1251** 🕮 **SP18 (C3)**, um die Befreiung von Brett Lynch aus den Klauen des irren Kunstsammlers La Capra zu organisieren.

Vor der Kirche geht es links und sofort wieder rechts durch die *Calle del Campaniel*. Der Weg öffnet sich zum langgezogenen *Campiello del Sol*, an dem sich das **Antico Panificio** **SP19 (C3)** andient. Solange seine Familie in den kühlen Bergen weilt, muss sich der Commissario selbst versorgen und kauft hier eine Pizza und zwei Flaschen Bier fürs einsame Abendessen zu Hause.

Mit Vianello lädt er seinen geschmeichelten Kollegen Alvise zum Frühstück ein, allerdings nur zum Zwecke einer Gegenüberstellung. Nachdem der Sergente den verdächtigen Schuster erkannt hat, wird der von Alvises Begleitern dingfest gemacht und Alvise selbst schmählich sitzen gelassen.

Frontal an der Stirnseite des Campo fällt die heimelige, backsteingemauerte **Schuhmacherei** **SP20 (C3)** mit den beiden Holztüren und großen Schaufenstern ins Auge, die gerade eben im Zentrum des Interesses stand. Die Werkstatt gehört nämlich dem von Alvise identifizierten brutalen Schläger, dessen Frau trotz häuslicher Gewalt immer wieder zu ihm zurückkehrt.

Wir stechen durch die rechts hinter den Gebäudetrakt führende *Calle de l'Erbarol* und stoßen auf die *Calle dei Sansoni*, mit der wir rechts und noch vor dem hohen Torbogen gleich wieder links in den *Ramo de la Donzela* laufen. Unter einem mächtigen Backsteinhalbbogen hindurch geht es nach rechts in die *Calle del Volto* mit den markanten, bereits aus der Calle del Paradiso in der Castello-Tour (s. S. 61) bekannten Barbacani über den Erdgeschossen.

Ums Eck gelangen wir in die *Calle de l' Arco*, wo bald darauf die *Calle dei Do Mori* den Weg nach links zur an der Laterne leicht erkennbaren **Cantina Do Mori** 🕮 **SP21 (C2)**, dem Ruhepol und Zufluchtsort von Commissario Brunetti, weist. In die schummrige Einheimischenbar wagen sich nur wenige mutige Touristen, so dass er sich bei einem Glas Cabernet und köstlichsten Tramezzini vom täglichen „Straßenkampf" im hektischen Rialtoviertel erholen kann.

Alte Kupferkessel schmücken die Decke des Do Mori

Selbst bei sommerlicher Gluthitze bleibt die Bar erfrischend kühl und bietet Brunetti und Vianello eine willkommene Alternative zum nahegelegenen Tribunale, um den dort beschäftigten Avvocato Penzo sachdienlich zu befragen.

Nach einer etwaigen Einkehr unsere Augen allmählich wieder ans Tageslicht gewöhnend wenden wir uns am Ende der *Calle dei Do Mori* rechts und gleich wieder links in die *Calle de la Torre*, die auf den *Campo de le Becarie* führt. An dem bis zum 14. Jahrhundert den Metzgern vorbehaltenen Platz sehen wir die im gotischen Stil errichtete Fischmarkthalle *Mercato del Pesce*, die man am besten dienstags bis samstags vormittags besucht, um das bunte Markttreiben in vollen Zügen zu erleben.

Wer seinen leeren Magen nicht dem Fischgeruch ausliefern möchte, hat vor Besichtigung des Fischmarkts in der **Bar Stellina** 🕮 **SP22 (C2)** links am vollgestellten Platz die Gelegenheit zu einer kleinen Stärkung. Als Bruder im Geiste im Kampf gegen intrigante Machenschaften klärt Richter Galvani den Commissario in der Bar über diverse Ränkespiele innerhalb der venezianischen Schulbehörde auf.

Der des Nachts ausgestorbene **Fischmarkt** 🎬 **SP23 (C2)** gerät der amerikanischen Archäologin Brett Lynch zum Verhängnis, die im Schutz der Dunkelheit krankenhausreif geschlagen wird.

Direkt vor der Fischmarkthalle lädt die Bar Stellina zu einer kleinen Stärkung ein

Neben der Fischmarkthalle mit Blick zum Canal Grande

Wir schlendern gemütlich durch die *Fischhalle* zum Ufer des *Canal Grande* und rechts am Markt entlang, auf dem die Obst- und Gemüsehändler an sechs Tagen die Woche unter anderem von der Laguneninsel S. Erasmo ihre Waren vertreiben. Als echte Venezianer kaufen auch die Questura-Mitarbeiter am **Rialtomarkt** 📖 🎬 **SP24 (C2)** ein. Während sich Signorina Elettra mit Blumen fürs Büro begnügt, müssen es für Brunetti sündteure Puntarelle sein, in seiner Jugendzeit gemeinhin als Hasenfutter bekannt.

Der Markt mündet in den mit Souvenirständen verschandelten *Campo Cesare Battisti*, an dem wir uns rechts in der **Casa del Parmigiano** 📖 🎬 **SP25 (C2)** mit qualitativ und preislich hochwertigem Käse und Wurst eindecken können. Qualitätsbewusste Einheimische, wie zum Beispiel Signora Brunetti, gehen gerne in das Traditionsgeschäft und loben besonders den ihrer Meinung nach hervorragenden Schinken.

Ein Verkäufer beweist sogar kriminalistischen Spürsinn, indem er ein wichtiges Beweisstück in Gestalt eines Gänsestopfleberpastetenbrötchens exakt drei Restaurants der Stadt zuordnen kann.

In der rechten Passage am Ende des Platzes finden wir links den Eingang zum **Tribunale** 📖 **SP26 (C2)**, wo der ermordete Gerichtsdiener Fontana angestellt war. Der Einzige, der dort wirklich um ihn trauert, ist der verstörte Avvocato Penzo.

Im angrenzenden Bogengang sind winzige Bars und Osterien angesiedelt. Hier wurde von der Republik Venedig bereits im 16. Jahrhundert die erste Girobank („Bancogiro“) eingerichtet, um den Kaufleuten aus aller Welt einen bargeldlosen Zahlungsverkehr und Geldwechsel zu ermöglichen. Die *Chiesa S. Giacometto* daneben ist ebenfalls den Handelstreibenden gewidmet, die durch die mahnende Präsenz Gottes, verdeutlicht in einer Inschrift an der Rückseite der Kirche, zu redlichen Geschäften angehalten werden.

Die **Bar Ristorante Ancòra** 🎬 **SP27 (C3)**, in der Brunetti und Vianello auf ihrem Streifzug durch die von Homosexuellen frequentierten Kneipen zufällig auf den unangenehm berührten Dottor Penzo treffen, befindet sich gleich am Anfang der langen Säulenreihe.

Durchgang zum Canal Grande zwischen dem Tribunale (links) und der Bar Ancòra

Wir begeben uns zwischen dem Eingang zum *Tribunale* und der *Bar Ancòra* um diese herum auf eine relativ große Freifläche am *Canal Grande*, auf der bei entsprechender Witterung und Wasserstand die Bars ihre Tische herausstellen. Da der Platz sehr niedrig liegt, ist er im Winter öfters überflutet und häufig nass und glitschig.

In der **Osteria Naranzaria** 🎬 **SP28 (C3)** vor der Rechtskurve des Kanals vertiefen sich Brunetti und der Juwelier Claudio Stein in ihr Gespräch über die todbringenden, weil äußerst wertvollen Diamanten, die der Commissario bei einem schwarzafrikanischen Straßenhändler sichergestellt hat.

Chiara Brunetti erfährt beim Abendessen von ihren Eltern, dass sie als Säugling im Krankenhaus verwechselt, aber schnell wieder zurück getauscht wurde. Ein Umstand, der ihrem spöttischen Bruder Raffi Anlass zu seinen beliebten Sticheleien gibt.

An der Osteria vorbei laufen wir vor dem weißen **Kriminalgericht** 🕮 **SP29 (C3)** rechts und darum herum, bis wir vor der *Rialtobrücke* stehen. Der gesundheitlich angeschlagene Richter Beniamin trauert um seinen an einer Überdosis Drogen verstorbenen Sohn, steht aber dem Commissario in Sachen Trevisan tapfer Rede und Antwort. Das Justizgebäude mit seinen fünf Fassaden erlaubt von allen Seiten einen Blick zum Canal Grande.

Eine Brücke aus Stein? Nie im Leben ...

Es lohnt sich, die der Rialtobrücke zugewandte Front des Kriminalgerichts näher zu betrachten. Dort sind sind zwei grotesk anmutende Friese zu erkennen, die einen Mann mit drei Beinen (links) und eine Frau mit flammendem Unterleib (rechts, s. Foto) zeigen. Nach einer Überlieferung hatten sich die beiden im 16. Jahrhundert skeptisch über die Realisierung eines Neubaus der bislang hölzernen Rialtobrücke geäußert. Ihm sollte ein drittes Bein wachsen, ihr Unterleib sollte verbrennen, wenn es tatsächlich gelänge, die Brücke aus Steinen zu bauen. Und, nun ja, die Brücke wurde aus Steinen gebaut ...

Um den Blick auf die Rialtobrücke und den Canal Grande noch länger zu genießen, begeben wir uns gegenüber dem *Kriminalgericht* unter Arkaden hindurch in die breite *Riva del Vin*.

È UN DOVERE DI TUTTI
TENERE PULITA LA CITTÀ.
IT'S EVERYONE'S DUTY
TO KEEP THE CITY CLEAN.

Im Touristenlokal **Ristorante Sommariva** **SP30 (C3)** direkt am Ufer des *Canal Grande* kann man die einzigartige Atmosphäre auf sich wirken lassen und in Ruhe einige Schauplätze betrachten, die im Canal-Grande-Plan vorgestellt werden.

Gerüstet für Wind und Wetter: Im Sommariva sitzt man draußen

Das Ehepaar Brunetti schwelgt hier nach einem tristen Arbeitstag in Hummer, Champagner und Grappa.

Wer lieber mit mehr Einheimischen und nicht unbedingt im Freien speisen will, sticht direkt beim *Sommariva* durch den dunklen *Sotoportego de la Madona* zu der vor uns liegenden **Trattoria Alla Madonna** **SP31 (C3)**. Der Commissario kommt leider nicht zum Essen in die Trattoria, sondern um gemeinsam mit dem raubeinigen Capitano Marvilli einen in der Küche beschäftigten, illegal im Land lebenden Albaner zu vernehmen.

Tour 7: Canal Grande

🕑 50 Minuten

🏃 Bahnhof S. Lucia, Anleger Ferrovia E (A2)

🪑 S. Zaccaria, Anleger F, Nähe Markusplatz (D3/4)

Die faszinierende Vaporetto-Tour auf Venedigs prächtigem Wasser-Boulevard passiert eine Vielzahl an Schauplätzen aus den Romanen und deren Verfilmungen.

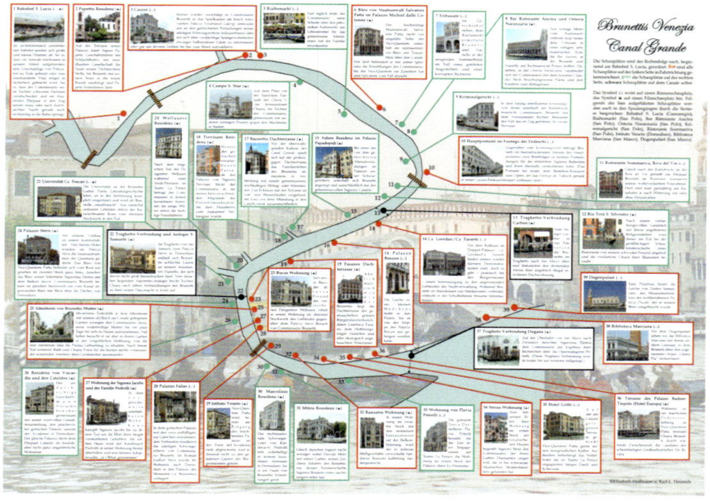

Die Beschreibung der Fahrt in Wort und Bild befindet sich auf der Rückseite des beiliegenden Stadtplans.

Von einem der begehrten Sitzplätze vorne am Bug können Sie sehr bequem die einzigartige Kulisse aus Jahrhunderte alten Palazzi der verschiedenen Stilepochen an sich vorüberziehen lassen und hautnah den regen Bootsverkehr erleben.

Aufgrund der vielen Reisenden ist die Fahrt entweder außerhalb der Hauptsaison oder tagsüber vor 9 Uhr oder nach 19 Uhr (jedoch nicht bei Dunkelheit) am empfehlenswertesten.

Wir starten unseren Ausflug am langezogenen *Anleger Ferrovia* vor der *Stazione S. Lucia*. Den Bahnhof im Rücken wenden wir uns nach rechts zum äußersten Landungssteg E, an dem sich auch ein Fahrkartenschalter (Biglietteria) befindet.

Mit der von rechts kommenden Linie 1, Richtung Lido schippern wir nun gemütliche 50 Minuten den circa vier Kilometer langen *Canal Grande* entlang.

Kurz nach einem letzten stimmungsvollen Blick zum Markusplatz und auf den Dogenpalast sind wir dann beim Anleger *S. Zaccaria F* am Ziel unserer Reise angelangt.

Gastronomische Schauplätze

Die einzelnen Lokalitäten sind nach Touren geordnet mit folgenen Informationen versehen:

€ Die Eurozeichen geben einen groben Richtwert zum Preisniveau an – falls erhoben, unter Einbeziehung des Servizio (s. S. 14). Die Preise können sich je nach Saison oder aufgrund des relativ häufigen Besitzerwechsels ändern.

€	Hauptgericht unter 10 Euro,	Softdrink unter 2 Euro
€€	Hauptgericht 10 bis 15 Euro,	Softdrink 2 bis 3 Euro
€€€	Hauptgericht 15 bis 25 Euro,	Softdrink 3 bis 4 Euro
€€€€	Hauptgericht 25 bis 40 Euro,	Softdrink 4 bis 5 Euro
€€€€€	Hauptgericht über 40 Euro,	Softdrink über 5 Euro

Unter der Regenwolke ist die Inneneinrichtung kurz beschrieben.

Die Sonne betrifft die Größe und die Lage des Außenbereiches sowie die ungefähre Sonneneinstrahlung.

Tour 1: Cannaregio (S. 20 ff.)

Osteria Bentigodi (S. 28)

Cannaregio 1424, Calesele, Tel. 041 8223714, www.bentigodi.com

€ €€€

Rustikal, mit diversen Ausstellungsstücken, wie z. B. einer großen, alten Registrierkasse, eingerichtet

Einige Tische im Freien, kaum Sonne

Ristorante Pizzeria Tintoretto (vormals Il Migliore) (S. 36)

Cannaregio 2578, Fondamenta de la Misericordia, Tel. 041 5285541, www.ristorantetintoretto.com

€ €€€

Zwei Gasträume, in schlichter Eleganz eingerichtet

Romantisches Ambiente, sonnige Tische direkt am Rio

Pub Il Santo Bevitore (S. 36)

Cannaregio 2393A, Fondamenta Diedo, Tel. 041 717560, www.ilsantobevitorepub.com

€ €€ - €€€

Typische Pub-Einrichtung

Kleiner, betischter, nachmittags zeitweise sonniger Hof neben dem Pub und ein paar Plätze davor

Das Angebot besteht im Wesentlichen aus internationalen Bier- und Whiskeysorten. In einer Vitrine werden Crostini angeboten.

Bar S. Sofia (S. 42)

Cannaregio 4208, Strada Nova, Anleger S. Sofia, Tel. 3337446573

€ €€€

Der vordere Raum hat große Schaufenster, die einen guten Blick über das Geschehen auf der Strada Nova bieten.

Großer Außenbereich, nachmittags eine Zeitlang Sonne auf der Seitenterrasse

Trattoria Cea (S. 50)

Cannaregio 5336, Calle del Pestrin, 041 5237450, www.trattoriacea.com

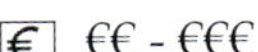

€ €€ - €€€

Gemütlich rustikaler Gastraum

Kleines, ganztägig schattiges Plätzchen im Freien

Viele Einheimische

Bar Rosa Salva (S. 55)

Castello 6780, Campo SS. Giovanni e Paolo, Tel. 041 5227949, www.rosasalva.it

€ €€€

Abgetrennter, nicht wirklich gemütlicher Gastraum

Viele Tische auf dem Campo, teils sonnig

Alteingesessenes Café mit einigen Filialen auch außerhalb Venedigs. Bekannt für seine Törtchen, hat aber auch Eis und kleine Snacks.

Tour 2: Castello (S. 56 ff.)

Pasticceria Didovich (S. 60)

Castello 5908, Campo S. Marina, Tel. 0415230017

€ €€-€€€

Nette klassische Konditorei mit kleinem, abgetrennten Gastraum und großen Schaufenstern

Einige schattige Plätze im Freien

Viele Einheimische

Osteria Alle Testiere (S. 62)

Castello 5801, Calle del Mondo Novo, Tel. 0415227220, www.osterialletestiere.it

€ €€€€

Kleiner, klassisch eingerichteter Gastraum

Kein Außenbereich

Gehobenes Fischrestaurant

Bar El Bacaro dal Doge (S. 66)

Castello 6553, Campo de S. Giustina detto de Barbaria, Tel. 340214419

€ €-€€

Einige Tische im einfach eingerichteten Innenraum, großes Schaufenster

Einige Tische auf dem Campo, nachmittags sonnig

Crazy Bar (S. 79)

Castello 4977D, Fondamenta de l`Osmarin, Tel. 3801230120

€ €€-€€€

Man sitzt recht dicht aufeinander, wird aber mit einem hübschen Blick durch die großen Scheiben belohnt.

Im Sommer auch einige meist sonnige Tische am Rio

Auch Pasta und Pizza

Trattoria Da Remigio (S. 80)

Castello 3416, Salizzada dei Greci, Tel. 041 5230089

- € €€€
- Klassische Einrichtung, etwas beengte Platzverhältnisse
- Kein Außenbereich

Eher gehobene Küche mit uniformierten Kellnern, Schwerpunkt Fisch und Meeresfrüchte; viele Einheimische, oft ausgebucht

Ristorante Al Covo (S. 81)

Castello 3969, Campiello della Pescaria, Tel. 041 5223812, www.ristorantealcovo.com

- € €€€€ - €€€€€
- Mehrere kleine Gasträume, rustikal mit viel Holz, etwas eng
- Einige Tische vor dem Restaurant, kaum Sonne

Gehobene Slow-Food-Küche

Bar Arsenale (S. 82)

Castello 2409, Campo de l`Arsenal, Tel. 3485119345

- € €€
- Klassische Stehbar mit kleinem Sitzbereich
- Großer Außenbereich direkt am Eingang zum Arsenale, sonnig bis zum frühen Nachmittag

Trattoria Pizzeria Da Paolo (S. 83)

Castello 2386, Campo de l`Arsenal, Tel. 041 5210660

- € €€€
- Ausgedehnter Innenbereich
- Zwei Terrassen auf dem Campo, teilweise bis in den Nachmittag sonnig

Ristorante Il Nuovo Galeon (S. 89)

Castello 1309, Via Garibaldi, Tel. 041 5204656,
www.ilnuovogaleon.com

€ €€€

Recht gemütlich mit einem Boot als Tresen

Nachmittags sonnige Terrasse auf der Via Garibaldi

Trattoria Alla Nuova Speranza (S. 95)

Castello 145, Campo Ruga, Tel. 041 5285225

€ €€

Netter Gastraum mit einfachen, rustikalen Tavernen-Tischen

Auf dem Platz davor betischt, Sonne bis zum frühen Nachmittag

Viele Einheimische

Bar Angiò (S. 100)

Castello 2144, Riva S. Biagio, Tel. 041 2778555

€ €€€ - €€€€

Innen nur wenige und nicht sehr gemütliche Plätze

Tolle Lage mit Blick über das Bacino S. Marco, ganztags sonnig

Große Auswahl an Gerichten aller Art (Snacks, Pasta, Pizza, Crêpes, Toast...)

Tour 3: San Marco (S. 103 ff.)

Caffè Florian (S. 108)

S. Marco 56, Piazza S. Marco, Tel. 041 5224409,
www.caffeflorian.com

€ €€€€€

Stilvolles klassisches Kaffeehaus

Sehr großer, im Laufe des Nachmittags sonniger Außenbereich vor Traumkulisse, oft Live-Musik vom caféeigenen Orchester

Nachmittags klassich britischer Afternoon-Tea mit Scones

Grancaffè Quadri (S. 109)

S. Marco 121, Piazza S. Marco, Tel. 041 5222105, www.alajmo.it

€ €€€€€

Klassischer Kaffeehausstil mit auf zwei Stockwerken verteilten Räumlichkeiten

Sehr großer, im Laufe des Nachmittags schattiger Außenbereich vor Traumkulisse, oft Live-Musik vom caféeigenen Orchester

Nicht nur Café, sondern auch Ristorante

Italian Bistrot Chat qui Rit (S. 113)

S. Marco 1131, Calle Tron, Tel. 041 5229086, www.chatquirit.it

€ €€€ - €€€€

Mischung aus Delikatessengeschäft und Ristorante

Einige schattige Tische in der Calle an der Hauswand

Bar Torino (S. 115)

S. Marco 4591, Campo S. Luca, Tel. 041 5223914

€ €€ - €€€

Großzügiger Gastraum mit Rundum-Schaufenstern zum Campo S. Luca

Kein Außenbereich

Auch Pasta und Pizza

Ristorante Pizzeria Rosa Rossa (S. 116)

S. Marco 3709, Calle della Mandola, Tel. 041 5234605

€ €€€€

Modernes, originelles Interieur

Kleiner ruhiger Außenbereich im dahinter vorbeiführenden Rio Terrà dei Assassini, den selbst im Sommer nur wenige Sonnenstrahlen am Nachmittag erreichen

Taverna La Fenice (S. 117)

S. Marco 1940, Campo Marinoni, Tel. 041 5223856, www.ristorantelafenice.it

€ €€€€

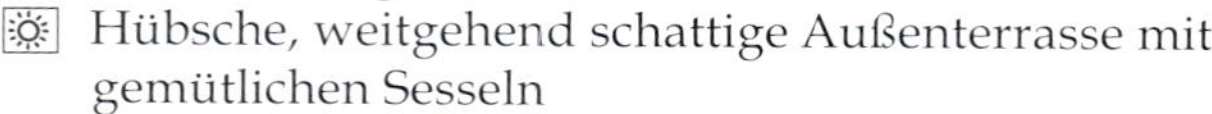
Altehrwürdiges venezianisches Ambiente

Hübsche, weitgehend schattige Außenterrasse mit gemütlichen Sesseln

Gehobene, etwas raffiniertere Küche. Als Coperto erhält man einen Becher Gemüsesticks mit Dip oder ähnliches. Viele Gerichte sind auch als halbe Portion bestellbar.

Ristorante Antico Martini (S. 119)

S. Marco 1983, Campo S. Fantin, Tel. 041 5224121, www.anticomartini.com

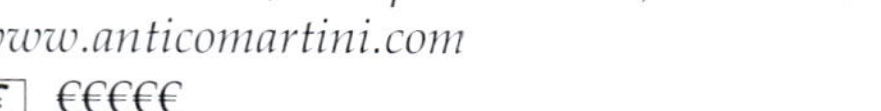
€ €€€€€

Vornehme Einrichtung, auf mehrere Gasträume verteilt

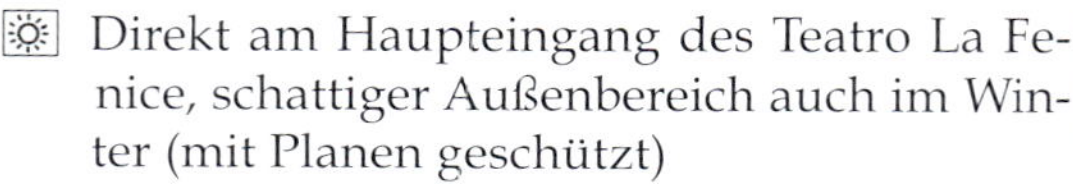
Direkt am Haupteingang des Teatro La Fenice, schattiger Außenbereich auch im Winter (mit Planen geschützt)

Gehobene Küche

Bar Al Theatro (S. 122)

S. Marco 1916, Campo S. Fantin, Tel. 041 5221052, www.altheatro.it

€ €€€

Klassische, einfache Bareinrichtung

Terrasse auf dem Campo, teilweise mit sonnigen Plätzen

An die Bar ist ein Ristorante/eine Pizzeria angeschlossen.

Ristorante A Beccafico (S. 128)

S. Marco 2801, Campo S. Stefano, Tel. 041 5274879, www.abeccafico.com

€ €€€€

Schlicht gehaltenes Interieur

Nachmittags sonnige Terrasse auf dem Campo

Le Café (S. 128)

S. Marco 2797, Campo S. Stefano, Tel 041 5237201, www.lecafevenezia.com

€ €€€ - €€€€

Geschmackvoller, auf mehrere kleine Räume verteilter Innenbereich

Großer sonniger Außenbereich auf dem Campo, direkt vor der Statue von Tommaseo

Klassisches Café, aber auch Pizza und Pasta; offene Teesorten

Gelateria Paolin (S. 129)

S. Marco 2962A, Campo S. Stefano, Tel. 041 5225576

€ €€€ - €€€€

Kaum nennenswerter, winziger Innenbereich

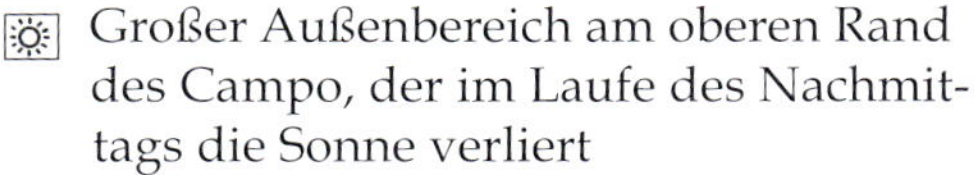

Großer Außenbereich am oberen Rand des Campo, der im Laufe des Nachmittags die Sonne verliert

Nicht nur Eis, sondern auch Panini und andere kleine Snacks

Tour 4: Dorsoduro (S. 130 ff.)

Cantinone Storico (S. 134)

Dorsoduro 661, Fondamenta di Ca` Bragadin, Tel. 041 5239577, www.cantinonestorico.it

€ €€€€

Klassisch eingerichteter großzügiger Innenraum

Einige hübsche Tische entlang des Rio, nachmittags Sonne

Ristorante La Piscina (S. 135)

Dorsoduro 780, Fondamenta Zattere ai Gesuati, Tel. 041 2413889, www.lacalcina.com

€ €€€€

Gediegenes, eher etwas nüchtern wirkendes Hotelrestaurant

Große sonnige, hölzerne Terrasse auf dem Canale della Giudecca mit wunderschöner Aussicht

Gelateria Nico (S. 136)

Dorsoduro 922, Fondamenta Zattere ai Gesuati, Tel. 041 5225293, www.gelaterianico.com

€ €€€

Klassische Stehbar, kleiner dunkler Sitzbereich

Große sonnige Aussichtsterrasse mit fantastischem Blick über den Canale della Giudecca

Sehr lecker: Gianduiotto (sprich: „Dschanndujótto"), ein Riegel Nouga eis serviert in einem mit Schlagsahne aufgefüllten Glas

Ristorante Riviera (S. 144)

Dorsoduro 1473, Zattere, Tel. 041 5227621, www.ristoranteriviera.it

€ €€€€

Kreatives Interieur zwischen retro und postmodern

Eine Reihe von sonnigen Tischen entlang der Wasserlinie mit sehr schönem Panorama

Gehobene Küche

Ristoteca Oniga (S. 146)

Dorsoduro 2852, Campo S. Barnaba, Tel. 041 5224410, www.oniga.it

€ €€-€€€

Gemütlich holzgetäfelt und reich dekoriert

Einige Tische auf dem Campo mit Blick auf die Chiesa S. Barnaba, kaum Sonne

Spezialität: Bucintoro (Großer „Wok" mit Muscheln; wenn man die Hälfte gegessen hat, schüttet der Kellner Spaghetti nach)

Caffè Rosso (S. 149)

Dorsoduro 2963, Campo S. Margherita, Tel. 041 5287998, www.cafferosso.it

€ €-€€

Beschränkte Platzverhältnisse im Innenbereich

Größerer, bis in den Nachmittag hinein sonniger Außenbereich

Viele Studenten, legendäre Tramezzini-Auswahl in der Vitrine

Osteria Da Codroma (S. 152)

Dorsoduro 2540, Fondamenta Briati, Tel. 5246789

€ €€

Rustikaler, schnörkelloser Gastraum mit langen Tischen

Eine kleine Reihe hübscher Tische entlang des Rio, im Sommer bis in den Nachmittag hinein sonnig

Man kann auch nur auf ein Getränk einkehren

Ristorante Pane, Vino e San Daniele (S. 153)

Dorsoduro 1722, Campo de l`Anzolo Rafael, Tel. 041 5237456

€ €€€

Gemütlich, wohnzimmerartig eingerichet mit einer schönen alten Nudelmaschine, Holzbalkendecke

Weitgehend schattiger Außenbereich auf dem beschaulichen Campo, auf dem auch Szenen des bekannten italienischen Films „Brot und Tulpen“ gedreht wurden

Bar Al Canton (S. 156)

Dorsoduro 2245A, Fondamenta de l`Arzere, Tel. 3496367768

€ €-€€

Kleiner, quirliger Gastraum

Sonniger Außenbereich mit weitem Blick den Rio entlang

Viele Studenten, fantasievolle Tramezzini-Auswahl

Hostaria Venexiana (S. 158)

S. Croce 285, Fondamenta de la Cazziola, Tel. 041 710749

€ €€

Gemütlich schummrige, einfache Trattoria

Nette Tische direkt am Rio mit Blick auf moderne Gebäude; Sonne nur vomittags

Auch Pizza; viel Durchgangsverkehr, der Nähe zum Piazzale Roma geschuldet

Tour 5: Santa Croce (S. 159 ff.)

Ristorante Il Refolo (S. 170)

S. Croce 1459, Campiello del Piovan, Tel. 041 5240016

€ €€€€

Relativ enger, in rot/schwarz gehaltener Gastraum

Sehr hübsch gelegener Außenbereich auf dem kleinen Campo zwischen Rio und Kirche

Auch Pizza

Gelateria Majer (S. 171)

S. Croce 1658, Calle Larga

€ €

Eine Mischung aus Bäckerei und Eisdiele, kein Barbetrieb

Kein Außenbereich, aber man kann sein Eis mit auf eine Bank auf dem Campo S. Giacomo da l`Orio nehmen.

Osteria Trattoria Al Nono Risorto (S. 176)

S. Croce 2338, Sotoportego de Siora Bettina, Tel. 041 5241169

€ €€

Gemütlich rustikale Trattoria mit zusätzlichem Platz im Nebenraum

Schöner schattiger, baumbestandener Garten, ein Teil davon als Winterterrasse abtrennbar

Pizzeria Due Colonne (S. 178)

S. Polo 2343, Campo S. Agostin, Tel. 041 717338

€ €€

Sehr gemütliches Ambiente mit Holzvertäfelung und heimeligen roten Glasleuchtern

Im Sommer sonnige Tische auf dem Campo

Mehrere Personen können sich gemeinsam eine „Pizza al Metro", eine 80 cm lange Pizza bestellen.

Tour 6: San Polo (S. 179 ff.)

Pasticceria Tonolo (S. 184)

Dorsoduro 3764, Crosera S. Pantalon

- [€] €
- [Innen] Alteingesessene Konditorei, in der man am langen Verkaufstresen im Stehen etwas verzehren kann
- [Außen] Kein Außenbereich

Bar Cico (S. 191)

S. Polo 1960A, Campo S. Polo, Tel. 041 2759014

- [€] €€€
- [Innen] Wenig attraktiver, dunkler Innenbereich
- [Außen] Großzügiger Außenbereich mit schönem Blick über den Campo halb im Schatten eines Baumes

Auch Pasta und Pizza

Ristorante, Pizzeria S. Aponal (S. 192)

S. Polo 1251, Campo S. Aponal, Tel. 041 5286473

- [€] €€€ - €€€€
- [Innen] Relativ kleiner, klassisch eingerichteter Gastraum
- [Außen] Einige, meist schattige Tische auf dem Campo

Pizzeria, Trattoria, Bar Antico Panificio (S. 193)

S. Polo 945, Campo del Sol, Tel. 041 5210137

- [€] €€ - €€€
- [Innen] Schlicht eingerichtet, viel Platz verteilt auf drei Räume
- [Außen] Einige, sommers am frühen Nachmittag sonnige Tische an der Hauswand

Cantina Do Mori (S. 194)

S. Polo 429, Calle dei Do Mori, Tel. 041 5225401

€ €€

Urig eingerichtet mit Kesseln, die von der Decke baumeln. Reine Stehbar, um einen Ombra oder ein paar Cichetti zu verzehren

Kein Außenbereich

Bar Trattoria Stellina (S. 195)

S. Polo 362, Campo de le Becarie, Tel. 041 5229905

€ €€

Kleiner Innenbereich mit wenigen Tischen

Sehr hübscher, teils sonniger Außenbereich auf dem betriebsamen Campo - aufgrund des gleich daneben liegenden Fischmarkts aber nichts für empfindliche Nasen

Bar Ristorante Ancòra (S. 199)

S. Polo 120, Campo S. Giacometto, Tel. 041 5207066, www.ancoravenezia.it

€ €€€

Essbereich im ersten Stock, unten wenige Tische und nur Barbetrieb

Nur zum Trinken steht man unter den Arkaden vor der Bar an einer Art Tresen oder man sitzt zum Essen auf der anderen Seite des Gebäudes, nachmittags im Schatten, mit Blick auf den Canal Grande.

Fantasievolle Küche; abends viel junges Publikum; wenn man in Venedig überhaupt von einer Nachtszene sprechen kann, dann in dieser Kneipenzeile und am Campo S. Margherita.

Osteria Naranzaria (S. 200)

S. Polo 137, Erberia, Tel. 041 7241035, www.naranzaria.it

€ €€€

Das Interieur verteilt sich auf eine Reihe winziger, aber gemütlicher Räume über zwei Stockwerke

Größerer, vormittags sonniger Außenbereich zum Canal Grande hin

Gute Cichetti

Ristorante Sommariva (S. 203)

S. Polo 731, Riva del Vin, Tel. 041 5231164,
www.sommarivarestaurant.it

€ €€€€

Venezianisch ein- und auf Touristen ausgerichtet; der klassische Innenbereich wird jedoch nur bei starkem Andrang genutzt.

Man sitzt im Sommer wie im Winter - dann natürlich beheizt - unter einem Wetterschutz auf der Terrasse direkt am Canal Grande mit Traumblick auf die Rialtobrücke. Bis in den Nachmittag hinein sonnig.

Trattoria Alla Madonna (S. 203)

S. Polo 594, Calle de la Madona, Tel. 041 5223824,
www.ristoranteallamadonna.com

€ €€€

Gediegen; mehrere, voneinander getrennte Gasträume

Kein Außenbereich

Venezianisch für Spurensucher

Becaria: Fleischerei (kurioserweise befindet sich am Rialto auf dem Platz der Becaria heutzutage der Fischmarkt

Caleghero: (ital. calzolaio) Schuhmacher

Canton: Eck; beliebter Bar-Name

Caseria: Milchwaren (heutzutage am Rialto-Markt Obst und Gemüse sowie Fleischwaren)

Dose: Doge, Oberhaupt der alten Republik Venedig

drio: (ital. dietro) hinter, z. B. „Campo drio la Chiesa“: Platz hinter der Kirche

Erberia: Kräuter (heute nicht mehr Teil des Rialto-Marktes)

Frezzeria: (ital. freccia = Pfeil) Manufaktur zur Herstellung von Pfeilen. In dieser Gasse waren die Pfeilmacher ansässig

Naranzaria: (naranza, ital. arancia: Orange) Zitrusfrüchte (ebenfalls nicht mehr als Markt genutzt)

Pescaria: Fischgeschäft (hier stehen u. a. Gemüsestände)

Pestrin: Milchwarenverkäufer. Von ital. pestare = schlagen; nämlich die Milch im Fass zu Butter

Piovan: Der „Regenwassermann" war der Gemeindepfarrer, der auch für die gerechte Wasserzuteilung aus den Zisternen in seiner Pfarrei verantwortlich war, da er die Gemeindemitglieder kannte. So wurde verhindert, dass sich ein Schlauberger in einer anderen Zisterne eine weitere Wasserration abholte.

Salizada: (ital. Salizzada, von selce = Pflasterstein) Gepflasterter Weg, Hauptverkehrsweg

Squero: Gondelwerft

Streto/a: (ital. stretto/a) eng, z. B. Calle Streta, Salizada Streta

Terà: (ital. terrato) zugeschüttet, Rio Terà: zugeschütteter Kanal

Tragheto: Fähre. Während der italienische Begriff Traghetto allgemein für ausgewachsene Fähren, etwa zwischen dem Festland und Sizilien, gilt, sind in Venedig mit Tragheto vor allem die öffentlichen Gondeln gemeint.

Trovaso: Die Chiesa di S. Trovaso ist den beiden Heiligen S. Gervasio und S. Protasio geweiht, deren Namen zu einem, nämlich Trovaso, verschmolzen wurden.

Venexiano/a: (sprich „Venessiáno") venezianisch

Zanipolo: Die Venezianer haben die beiden Heiligen S. Giovanni und S. Paolo zu dem Namen Zanipolo verschmolzen.

Zorzi: (ital. Giorgio) Georg

Bibliographische Zuordnung

🕮 *bedeutet: Schauplätze aus den Büchern.*

🎬 *bedeutet: Schauplätze aus den Verfilmungen.*

Tour 1: Cannaregio (S. 20 ff.)

CN01 **Stazione S. Lucia** – 🕮 Allgemein, 🎬 Allgemein
CN02 **Ponte del Gheto Novo** – 🎬 Auf Treu und Glauben
CN03 **Osteria Bentigodi** – 🕮 Nobiltà
CN04 **Panificio Frangipane** – 🎬 Beweise, dass es böse ist

CN05 **Hotel Ai Mori d`Oriente** – 🎬 Auf Treu und Glauben
CN06 **Chiesa Madona de l' Orto** – 📖 Das Mädchen seiner Träume, 🎬 Auf Treu und Glauben
CN07 **Vor der Wohnung der Brunettis** – 🎬 Allgemein
CN08 **Ristorante Pizzeria Tintoretto** – 🎬 Verschwiegene Kanäle, 🎬 Beweise, dass es böse ist, 🎬 Gesetz der Lagune
CN09 **Fondamenta Moro** – 🎬 Tierische Profite
CN10 **Pub Il Santo Bevitore** – 🎬 Tierische Profite
CN11 **Schulbehörde, Staatsanwaltschaft und Gericht** – 🎬 Beweise, dass es böse ist, 🎬 Lasset die Kinder zu mir kommen, 🎬 Tierische Profite
CN12 **Altenheim der Signora Altavilla** – 🎬 Reiches Erbe
CN13 **Büro von Angelo Animale** – 🎬 Tierische Profite
CN14 **Holzbrückchen Ponte de l'Ogio** – 🎬 Tierische Profite
CN15 **Laden für Herrenkonfektion** – 🎬 Beweise, dass es böse ist
CN16 **Wohnung von Malfattis Freundin** – 🎬 Venezianische Scharade
CN17 **Supermarkt Conad** – 📖 Beweise, dass es böse ist
CN18 **Chiesa S. Felice** – 🎬 Blutige Steine
CN19 **Bar S. Sofia** – 📖 Beweise, dass es böse ist
CN20 **Ristorante am Hotel Ca' Sagredo** – 🎬 Reiches Erbe
CN21 **Kiosk auf dem Campo SS. Apostoli** – 🎬 Vendetta
CN22 **Campo S. Canzian** – 🎬 Endstation Venedig
CN23 **Palazzo Bembo Boldù** – 📖 Beweise, dass es böse ist, 📖 Wie durch ein dunkles Glas, 📖 Lasset die Kinder zu mir kommen
CN24 **Buchladen am Campo S. Maria Nova** – 🎬 Blutige Steine
CN25 **Chiesa dei Miracoli** – 📖 Lasset die Kinder zu mir kommen
CN26 **Campiello dei Miracoli** – 🎬 Verschwiegene Kanäle
CN27 **Palazzo Widmann** – 🎬 Verschwiegene Kanäle
CN28 **Trattoria Cea** – 🎬 Blutige Steine
CN29 **Grabkreuz von Amelia Brunetti** – 🎬 Reiches Erbe
CN30 **Lagunenseitige Zufahrt zum Ospedale Civile** – 🎬 Allgemein
CN31 **Ospedale Civile** – 📖 Allgemein, 🎬 Allgemein
CN32 **Chiesa SS. Giovanni e Paolo** – 📖 Endlich Mein
CN33 **Freitreppe zum Rio dei Mendicanti** – 📖 Endstation Venedig
CN34 **Kiosk der Signora Maria** – 📖 Venezianisches Finale, 📖 Aqua alta

CN35 **Bar Rosa Salva am Ospedale Civile** – 🕮 Reiches Erbe, 🕮 Das goldene Ei, 🎬 Wie durch ein dunkles Glas, 🎬 Lasset die Kinder zu mir kommen

Tour 2: Castello (S. 56 ff.)

CS01 **Hotel S. Marina** – 🕮 Feine Freunde
CS02 **Zoogeschäft** – 🎬 Noblità
CS03 **Pasticceria Didovich** – 🕮 Verschwiegene Kanäle
CS04 **Osteria Alle Testiere** – 🕮 Verschwiegene Kanäle, 🕮 Tierische Profite
CS05 **Campo S. Maria Formosa** – 🎬 Acqua alta
CS06 **Palazzo Querini Stampalia** – 🕮 Lasset die Kinder zu mir kommen, 🕮 Tod zwischen den Zeilen
CS07 **Wohnung von Professor Nava** – 🎬 Tierische Profite
CS08 **Ponte Minich und Ospedaleto** – 🕮 Lasset die Kinder zu mir kommen, 🕮 Endlich Mein
CS09 **Brunettis Optiker** – 🎬 Nobiltá
CS10 **Pflegeheim in der Barbaria de le Tole** – 🕮 Reiches Erbe
CS11 **Bar El Bacaro dal Doge** – 🕮 Reiches Erbe
CS12 **Campo S. Giustina** – 🎬 Das Mädchen seiner Träume
CS13 **Chiesa S. Francesco de la Vigna** – 🎬 Sanft entschlafen, 🎬 Das Mädchen seiner Träume“
CS14 **Wohnung des Katasterbeamten Signor Rossi** – 🕮 Feine Freunde
CS15 **Kreuzgang des Franziskanerklosters** – 🎬 Sanft entschlafen
CS16 **Questura**, Außenaufnahmen – 🎬 Allgemein
CS17 **Bootsanleger der Questura** – 🎬 Allgemein
CS18 **Campo S. Lorenzo** – 🕮 Die dunkle Stunde der Serenissima
CS19 **Questura** – 🕮 Allgemein
CS20 **Crazy Bar** – 🕮 Allgemein
CS21 **Trattoria Da Remigio** – 🕮 Verschwiegene Kanäle
CS22 **Haus des Notaio Filipetto am Campo Bandiera e Moro** – 🕮 Die dunkle Stunde der Serenissima
CS23 **Pflegestation am Campo Bandiera e Moro** – 🕮 Reiches Erbe
CS24 **Ristorante Al Covo** – 🕮 Verschwiegene Kanäle
CS25 **Bar Arsenale** – 🕮 Blutige Steine, 🎬 Nobiltà
CS26 **Trattoria Da Paolo** – 🎬 Nobiltà, 🎬 Endstation Venedig

CS27 **Arsenale** – 🎬 Verschwiegene Kanäle, 🎬 Das Mädchen seiner Träume
CS28 **Fondamenta de la Tana** – 📖 Das goldene Ei
CS29 **Bank in der Via Garibaldi** – 📖 Auf Treu und Glauben
CS30 **Ristorante Il Nuovo Galeon** – 📖 Wie durch ein dunkles Glas
CS31 **Obst- und Gemüseschiff** – 🎬 Blutige Steine
CS32 **Wohnung von Adele Marzi** – 📖 Tod zwischen den Zeilen
CS33 **Fondamenta S. Gioachino** – 🎬 Endstation Venedig
CS34 **Ponte Rielo** – 🎬 Blutige Steine
CS35 **Campazzo de l'Erba** – 🎬 Blutige Steine
CS36 **Wohnung von Aldo Franchini** – 📖 Tod zwischen den Zeilen
CS37 **Trattoria Alla Nuova Speranza** – 🎬 Blutige Steine
CS38 **Kreuzgang des Konvents S. Pietro** – 📖 Sanft entschlafen
CS39 **Viale Garibaldi** – 📖 Tod zwischen den Zeilen
CS40 **Wohnung von Signora Ruffolo** – 🎬 Endstation Venedig
CS41 **Anwaltskanzlei der Signora Marieschi** – 📖 Beweise, dass es böse ist
CS42 **Bar Angiò** – 🎬 Beweise, dass es böse ist
CS43 **Hotel Paganelli** – 📖 Blutige Steine

Tour 3: San Marco (S. 103 ff.)

SM01 **Dogenpalast** – 📖 Acqua alta
SM02 **Biblioteca Marciana** – 📖 Sanft entschlafen
SM03 **Caffè Florian** – 📖 Venezianisches Finale, 📖 Vendetta, 📖 Das Mädchen seiner Träume, 📖 Tod zwischen den Zeilen
SM04 **Grancaffè Quadri** – 🎬 Allgemein
SM05 **Beim Patriarchen (Alte Prokuratien)** – 🎬 Sanft entschlafen
SM06 **Fondamenta Goldoni** – 🎬 Vendetta
SM07 **Bistrot Chat qui Rit** – 🎬 Vendetta
SM08 **Buchhandlung Tarantola** – 📖 Endstation Venedig, 📖 Lasset die Kinder zu mir kommen
SM09 **Bar Rosa Salva am Campo S. Luca** – 📖 Lasset die Kinder zu mir kommen, 📖 In Sachen Signora Brunetti
SM10 **Eckbar Torino** – 📖 Feine Freunde
SM11 **Banca di Verona** – 🎬 Venezianische Scharade
SM12 **Lega della Moralità** – 📖 Venezianische Scharade

SM13 **Campo Manin** – 🕮 In Sachen Signora Brunetti, 🕮 Sanft entschlafen
SM14 **Pizzeria Rosa Rossa** – 🕮 Blutige Steine
SM15 **Hotel La Fenice** – 🕮 Venezianisches Finale
SM16 **Taverna La Fenice** – 🎬 Venezianische Scharade, 🎬 Die dunkle Stunde der Serenissima, 🎬 Blutige Steine
SM17 **Teatro La Fenice** – 🕮 🎬 Venezianisches Finale, 🎬 Beweise, dass es böse ist, 🕮 Endlich Mein
SM18 **Ristorante Antico Martini** – 🎬 In Sachen Signora Brunetti
SM19 **Bar Al Theatro** – 🕮 Endlich Mein
SM20 **Hotel Bel Sito** – 🎬 Feine Freunde
SM21 **Chiesa S. Maria del Giglio** – 🕮 Vendetta
SM22 **Campo S. Stefano** 🕮 🎬 Blutige Steine
SM23 **Palazzo Loredan** – 🎬 Venezianische Scharade
SM24 **Konservatorium** – 🕮 Venezianisches Finale
SM25 **Kanzlei von Anwalt Zambino (Konservatorium)** – 🎬 In Sachen Signora Brunetti
SM26 **Gericht (Konservatorium)** – 🎬 Auf Treu und Glauben
SM27 **Istituto Veneto** – 🎬 Lasset die Kinder zu mir kommen
SM28 **Ristorante Beccafico** – 🕮 Endlich Mein
SM29 **Le Café** – 🕮 Blutige Steine
SM30 **Gelateria Paolin** – 🕮 Venezianisches Finale

Tour 4: Dorsoduro (S. 130 ff.)

DO01 **Wohnung von Paolas Mit-Wöchnerin** – 🎬 Lasset die Kinder zu mir kommen
DO02 **Kunstgalerie des Signor Turchetti** – 🕮 Reiches Erbe
DO03 **Cantinone Storico** – 🕮 Blutige Steine, 🕮 Das Mädchen seiner Träume, 🎬 Feine Freunde
DO04 **Kiosk am Campo S. Vio** – 🎬 Tierische Profite
DO05 **Ristorante La Piscina** – 🕮 Acqua alta
DO06 **Gelateria Nico** – 🕮 Acqua alta, 🕮 Tod zwischen den Zeilen
DO07 **Ponte Longo am Zattere** – 🎬 Wie durch ein dunkles Glas
DO08 **Garten von Brunettis Tante** – 🎬 Wie durch ein dunkles Glas
DO09 **Ristorante Riviera** – 🎬 Sanft entschlafen, 🎬 Verschwiegene Kanäle
DO10 **Chiaras Schulhof, Ospedale Giustinian** – 🎬 Vendetta, 🎬 Tierische Profite

DO11 **Wohnung der Fotografin Vega** – 🎬 Das Mädchen seiner Träume
DO12 **Trauerprozession am Campo S. Barnaba** – 🎬 Nobiltà
DO13 **Tabaccheria am Campo S. Barnaba** – 🎬 Das Mädchen seiner Träume
DO14 **Ristoteca Oniga** – 🎬 Feine Freunde
DO15 **Schwimmender Gemüsestand am Rio S. Barnaba** – 📖 Blutige Steine
DO16 **Wohnung von Malfattis Freundin** – 📖 Venezianische Scharade
DO17 **Wohnung von Signora Battestini** – 🎬 Beweise, dass es böse ist
DO18 **Wohnung von Signora Gismondi** – 🎬 Beweise, dass es böse ist
DO19 **Caffè Rosso** – 🎬 Feine Freunde, 🎬 Beweise, dass es böse ist
DO20 **Buchladen Libreria del Campo** – 🎬 Feine Freunde
DO21 **Palazzo Zenobio** – 🎬 Allgemein
DO22 **Ponte Briati** – 🎬 Beweise, dass es böse ist
DO23 **Osteria Da Codroma** – 🎬 Endstation Venedig, 🎬 Das Gesetz der Lagune
DO24 **Ristorante Pane, Vino e San Daniele** – 🎬 Blutige Steine
DO25 **Bar Al Canton** 🎬 Schöner Schein
DO26 **Pathologisches Institut am Rio di Tre Ponti** – 🎬 Sanft entschlafen, 🎬 Verschwiegene Kanäle
DO27 **Hostaria Venexiana** 🎬 Sanft entschlafen

Tour 5: Santa Croce (S. 159 ff.)

SC01 **Pathologisches Institut am Rio Novo** – 🎬 Endstation Venedig, 🎬 Die dunkle Stunde der Serenissima, 🎬 Blutige Steine, 🎬 Wie durch ein dunkles Glas, 🎬 Tierische Profite
SC02 **Reisebüro von Signor Mitri** – 🎬 In Sachen Signora Brunetti
SC03 **Chiesa S. Nicola del Tolentino** – 🎬 In Sachen Signora Brunetti
SC04 **Eingang der Universität** – 🎬 In Sachen Signora Brunetti
SC05 **Bankhaus von Signor Fulgoni** – 🎬 Auf Treu und Glauben
SC06 **Chiesa S. Giacomo da l'Orio** – 📖 Das Mädchen seiner Träume
SC07 **Ristorante Il Refolo** – 🎬 Die dunkle Stunde der Serenissima

SC08 **Campo S. Giacomo da l'Orio** — 🕮 Das Mädchen seiner Träume
SC09 **Wohnung der Signora Altavilla** — 🕮 Reiches Erbe
SC10 **Gelateria Majer** — 🕮 Lasset die Kinder zu mir kommen, 🕮 Das Mädchen seiner Träume
SC11 **Chiesa S. Cassiano** — 🕮 Das Mädchen seiner Träume
SC12 **Osteria Trattoria Al Nono Risorto** — 🎬 Venezianisches Finale
SC13 **Campo S. Maria Mater Domini** — 🎬 Venezianische Scharade
SC14 **Druckerei von Aldus Manutius** — 🕮 Tod zwischen den Zeilen
SC15 **Pizzeria Due Colonne** — 🕮 In Sachen Signora Brunetti

Tour 6: San Polo (S. 179 ff.)

SP01 **Haus von Signor Puntera** — 🎬 Auf Treu und Glauben
SP02 **Archivo di Stato** — 🎬 Tierische Profite
SP03 **Café auf dem Campo dei Frari** — 🎬 Auf Treu und Glauben, 🎬 Reiches Erbe
SP04 **Wohnung von Signora Baresi** — 🎬 Feine Freunde
SP05 **Ponte de la Scuola** — 🕮 Endlich Mein
SP06 **Campo Castelforte** — 🎬 Endstation Venedig, 🎬 Reiches Erbe
SP07 **Wohnung des Pflegers Cucetti** — 🎬 Reiches Erbe
SP08 **Pasticceria Tonolo** — 🕮 Blutige Steine, 🕮 Wie durch ein dunkles Glas
SP09 **Wohnung des kriminellen Carabiniere** — 🎬 Das Mädchen seiner Träume
SP10 **Maklerbüro auf dem Campo S. Tomà** — 🕮 Auf Treu und Glauben
SP11 **Antiquitätengeschäft auf dem Campo S. Tomà** — 🎬 Acqua Alta
SP12 **Chiesa di S. Polo** — 🕮 Sanft entschlafen, 🕮 Auf Treu und Glauben
SP13 **Palazzo Soranzo** — 🕮 In Sachen Signora Brunetti
SP14 **Bar Cico** — 🕮 Das goldene Ei
SP15 **Romanwohnhaus der Familie Brunetti** — 🕮 Allgemein
SP16 **Blumenladen Biancat** — 🕮 Endstation Venedig, 🕮 Venezianisches Finale, 🕮 Verschwiegene Kanäle, 🕮 In Sachen Signora Brunetti, 🕮 Wie durch ein dunkles Glas, 🕮 Reiches Erbe
SP17 **Campo S. Aponal** — 🕮 Endstation Venedig, 🕮 Blutige Steine
SP18 **Ristorante Pizzeria S. Aponal** — 🕮 Aqua alta
SP19 **Pizzeria Antico Panificio** — 🕮 Auf Treu und Glauben, 🎬 Reiches Erbe

SP20 **Schuhmacherei** – 🎬 Reiches Erbe
SP21 **Cantina Do Mori** – 🕮 Sanft entschlafen, 🕮 Endstation Venedig, 🕮 Vendetta, 🕮 Beweise, dass es böse ist, 🕮 Auf Treu und Glauben
SP22 **Bar Stellina** – 🕮 Beweise, dass es böse ist
SP23 **Fischmarkt** – 🎬 Aqua alta
SP24 **Markt am Rialto** – 🎬 Sanft entschlafen, 🕮 Verschwiegene Kanäle, 🕮 Reiches Erbe
SP25 **Casa del Parmigiano** – 🕮 Venezianische Scharade, 🎬 Lasset die Kinder zu mir kommen
SP26 **Tribunale** – 🕮 Auf Treu und Glauben
SP27 **Bar Ristorante Ancòra** – 🎬 Auf Treu und Glauben
SP28 **Osteria Naranzaria** – 🎬 Blutige Steine, 🎬 Lasset die Kinder zu mir kommen
SP29 **Kriminalgericht** – 🕮 Vendetta
SP30 **Ristorante Sommariva** – 🕮 Verschwiegene Kanäle
SP31 **Trattoria Alla Madonna** – 🎬 Lasset die Kinder zu mir kommen

Tour 7: Canal Grande (S. 204 ff.)

CG01 **Bahnhof S. Lucia** – 🕮 Allgemein 🎬 Allgemein
CG02 **Papettis Residenz** – 🎬 Tierische Profite
CG03 **Casinò** – 🕮 Vendetta, 🕮 Verschwiegene Kanäle, 🕮 Das Mädchen seiner Träume, 🕮 Endstation Venedig, 🕮 Schöner Schein, 🕮 Tod zwischen den Zeilen
CG04 **Campo S. Stae** – 🎬 Die dunkle Stunde der Serenissima
CG05 **Rialtomarkt** – 🕮 Allgemein
CG06 **Büro von Staatsanwalt Salvatore Patta im Palazzo Michiel** – 🎬 Reiches Erbe
CG07 **Tribunale** – 🕮 Auf Treu und Glauben
CG08 **Bar Ristorante Ancòra und Osteria Naranzaria** – 🎬 Blutige Steine, 🎬 Lasset die Kinder zu mir kommen, 🎬 Auf Treu und Glauben
CG09 **Corte dei Conti, Kriminalgericht** – 🕮 Vendetta
CG10 **Hauptpostamt im Fontego dei Tedeschi** – 🕮 Beweise, dass es böse ist
CG11 **Ristorante Sommariva** – 🕮 Verschwiegene Kanäle
CG12 **Rio Terà S. Silvestro** – 🎬 Sanft entschlafen
CG13 **Tragheto-Verbindung Carbon** – 🎬 Feine Freunde

CG14 **Ca' Loredan** – 🕮 Lasset die Kinder zu mir kommen, 🕮 Beweise, dass es böse ist, 🕮 Auf Treu und Glauben
CG15 **Faliers Residenz** – 🎬 Schöner Schein
CG16 **Palazzo Benzon** – 🕮 Das Mädchen seiner Träume
CG17 **Brunettis Dachterrasse** – 🎬 Allgemein
CG18 **Trevisans Residenz** – 🎬 Vendetta
CG19 **Fasanos Dachterrasse** – 🎬 Wie durch ein dunkles Glas
CG20 **Wellauers Residenz** – 🎬 Venezianisches Finale
CG21 **Università Ca' Foscari** – 🕮 Allgemein, 🎬 Feine Freunde
CG22 **Tragheto-Verbindung und Anleger S. Samuele** – 🎬 Nobiltà, 🎬 Feine Freunde
CG23 **Bucos Wohnung** – 🎬 Venezianisches Finale
CG24 **Palazzo Stern** – 🎬 Vendetta, 🎬 Venezianische Scharade, 🎬 In Sachen Signora Brunetti, 🎬 Nobiltà, 🎬 Venezianisches Finale, 🎬 Feine Freunde
CG25 **Altenheim von Brunettis Mutter** – 🎬 Sanft entschlafen, 🎬 Blutige Steine, 🕮 Das Mädchen seiner Träume
CG26 **Residenz von Viscardis und den Cataldos** – 🎬 Endstation Venedig, 🎬 Schöner Schein
CG27 **Wohnung der Signora Jacobs und der Familie Pedrolli** – 🕮 🎬 Die dunkle Stunde der Serenissima, 🎬 Lasset die Kinder zu mir kommen
CG28 **Palazzo Falier** – 🕮 Allgemein
CG29 **Istituto Veneto** – 🎬 Lasset die Kinder zu mir kommen
CG30 **Marcolinis Residenz** – 🎬 Lasset die Kinder zu mir kommen
CG31 **Mitris Residenz** – 🎬 In Sachen Signora Brunetti
CG32 **Ranzatos Wohnung** – 🎬 Schöner Schein
CG33 **Wohnung von Flavia Petrelli** – 🕮 Endlich Mein
CG34 **Steins Wohnung** – 🎬 Blutige Steine
CG35 **Hotel Gritti** – 🕮 Venezianisches Finale
CG36 **Terrasse des Palazzo Badoer-Tiepolo (Hotel Europa)** – 🎬 Tierische Profite
CG37 **Tragheto-Verbindung Dogana** – 🎬 Venezianisches Finale
CG38 **Biblioteca Marciana** – 🕮 Sanft entschlafen
CG39 **Dogenpalast** – 🕮 Acqua alta

Blick über den Garten des Altenheims hin zum Canal Grande

Literaturempfehlungen

Wer sich abgesehen von Brunettis Venedig noch eingehender für die Stadt und seine Bewohner interessiert, dem empfehlen wir unter der Vielzahl an weiterführender Literatur folgende kleine Auswahl, die auch wir zur Recherche verwendet haben.

Giuseppe Furno; *Die Feuer von Murano: Ein Venedig-Roman.* Aufbau Verlag, 2. Auflage 2015 (ISBN 978-3-74663-116-5). Mit großer Akribie hat der Autor den Hintergrund zu diesem historischen Roman recherchiert und damit eine sehr authentisch wirkende Darstellung Venedigs im sechzehnten Jahrhundert geschaffen.

Marco Genovese; *Dizionario del Veneziano Recente.* Editione Scantabauchi 2011. Der Autor erörtert in diesem umfangreichen venezianisch-italienischen Wörterbuch ausführlich die Raffinessen des venezianischen Dialekts. Dazu gehören auch Erläuterungen zur Grammatik, Aussprache und Etymologie – nur mit guten Italienischkenntnissen empfehlenswert.

Giorgio Gianighian/Paola Pavanini; *So ist Venedig.* Gambier Keller 2010 (ISBN 978-8-89622-428-1). Auf 80 Seiten erklärt das Bilderbuch sehr anschaulich, wenn auch in einer etwas eigenwilligen deutschen Übersetzung, wie Venedig entstanden ist: vom Aufbau der Fundamente über die Wasserversorgung bis zum Ausbau der Gassen und zur Sicherung der Brücken unter österreichischer Herrschaft.

Johann Wolfgang von Goethe; *Italienische Reise.* Fischer Klassik, 3. Aufl. 2009 (ISBN 978-3-59690-147-0). Goethe erreicht am 28. September 1786 die Serenissima und hält sich zweieinhalb Wochen dort auf. Seine Betrachtungs- und Ausdrucksweise ist aus heutiger Sicht durchaus kurzweilig und interessant zu lesen.

Thomas Jonglez, Paola Zoffoli; *Verborgenes Venedig*. Jonglez 2012 (ISBN 978-2-36195-077-4). Ein wahres Schatzkästchen an unbekannten Details, aufgeteilt in verschiedene Themenbereiche; für alle, die sich profunde Kenntnisse über die Lagunenstadt aneignen wollen. Manche beschriebene Örtlichkeiten sind allerdings sehr kompliziert oder gar nicht mehr zugänglich.

Sieglinde Köhle; *Venedig der Venezianer – Eine unbekannte Bekannte in 81 Facetten*. Dr. Peter Morsbach Verlag, 2. Aufl. 2014 (ISBN 978-3-93752-767-3). Der Untertitel sagt bereits alles: Schön bebildert werden venezianische Besonderheiten aufgezeigt.

G. Paolo Nadali, Renzo Vianello; *Calli, Campielli e Canali. Guida di Venezia e delle sue isole*. Helvetia 2013. Der über 200 Seiten dicke Atlas zeigt Venedig und die wichtigsten Inseln im sehr großen Maßstab 1:2000 mit maßstabsgetreuen Gebäudegrundrissen und Hausnummern. Eine Beschreibung der zahlreichen Palazzi zweisprachig auf Italienisch und Englisch ergänzt das Kartenwerk. Das Buch ist in gut sortierten Kiosks und Buchhandlungen in Venedig erhältlich.

Tiziano Scarpa; *Venedig ist ein Fisch*. Wagenbach 2002 (ISBN 978-3-80312-433-3). Der gebürtige Venezianer eröffnet, manchmal etwas derb, viele interessante „Interna“ zum Gesamtkunstwerk seiner Heimatstadt.

Dirk Schümer; *Leben in Venedig*. List Taschenbuch 2004 (ISBN 978-3-54860-435-0). In 54 kurzen Kapiteln erzählt der Wahl-Venezianer kurzweilige Episoden aus dem Venedig abseits des Tourismus.

Das Vaporetto bringt uns zu weiteren Schauplätzen auf den Laguneninseln.

BELLOTTO
VE 9222

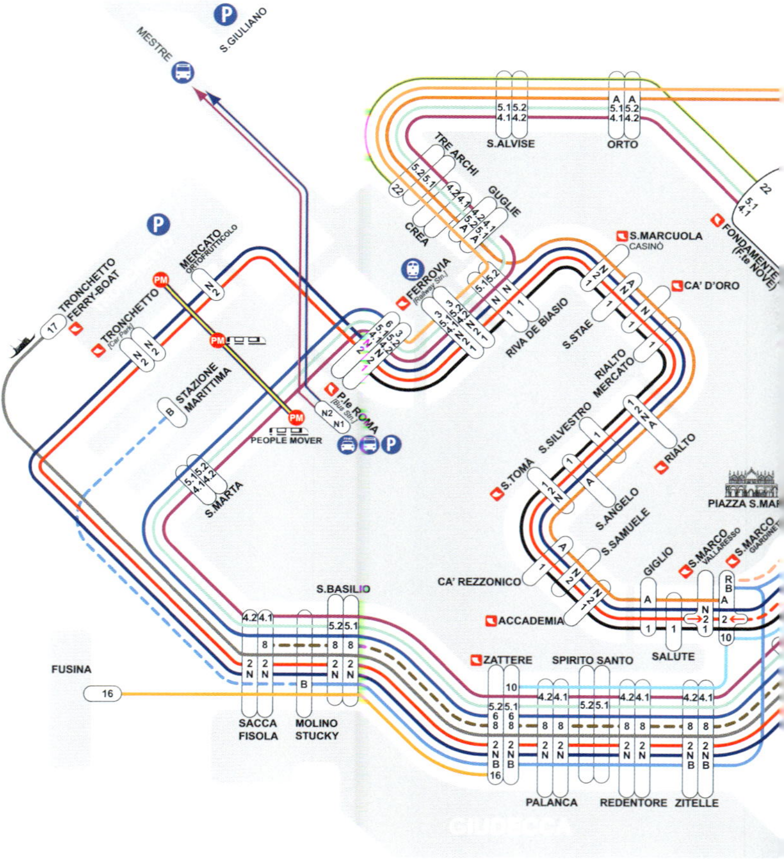

MESTRE
S.GIULIANO
TRONCHETTO FERRY-BOAT
TRONCHETTO (Car Park)
MERCATO ORTOFRUTTICOLO
STAZIONE MARITTIMA
PEOPLE MOVER
P.le ROMA (Bus Stn.)
FERROVIA (Railway Stn.)
S.MARTA
S.BASILIO
SACCA FISOLA
MOLINO STUCKY
FUSINA
TRE ARCHI
CREA
GUGLIE
S.ALVISE
ORTO
FONDAMENTE (F.te NOVE)
S.MARCUOLA CASINÒ
CA' D'ORO
RIVA DE BIASIO
S.STAE
RIALTO MERCATO
RIALTO
S.SILVESTRO
S.TOMÀ
S.ANGELO
S.SAMUELE
CA' REZZONICO
ACCADEMIA
GIGLIO
SALUTE
S.MARCO VALLARESSO
S.MARCO GIARDINETTI
PIAZZA S.MARCO
ZATTERE
SPIRITO SANTO
PALANCA
REDENTORE
ZITELLE

Linea stagionale \ Seasonal route

Punti vendita o biglietterie automatiche Venezia Unica
Venezia Unica ticket points or self-service ticket machines

La linea ferma
The waterbus does stop here

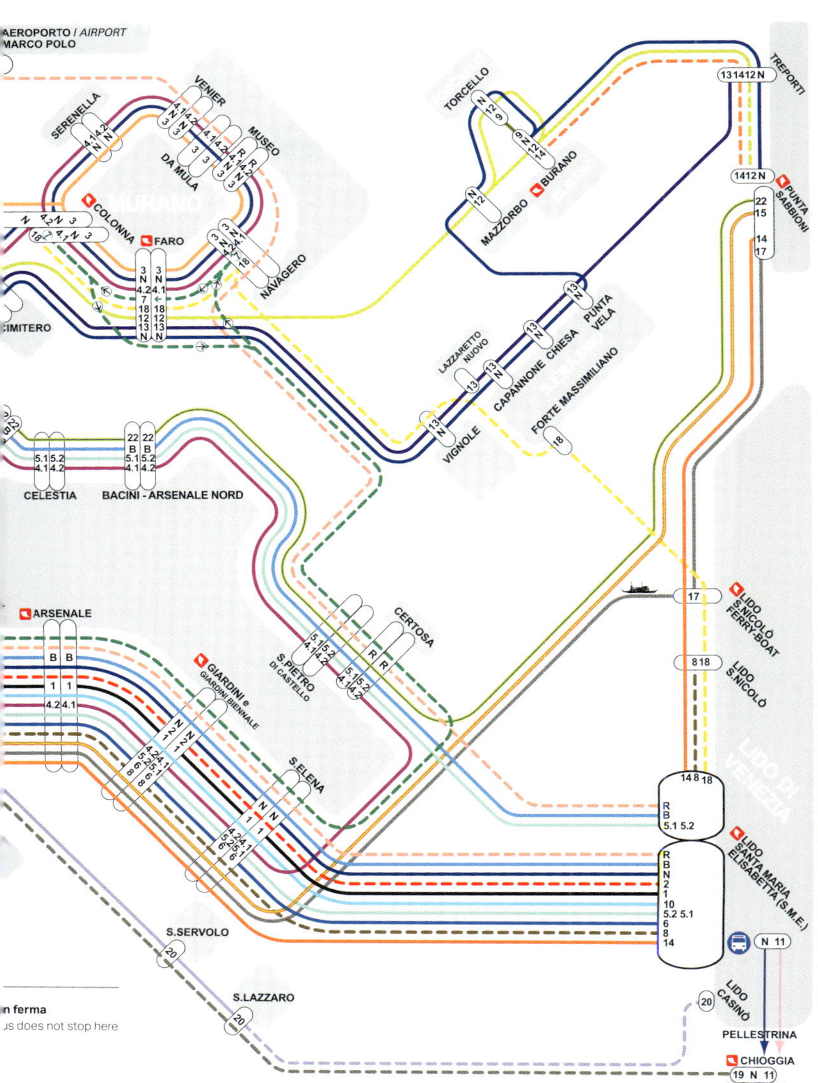

http://www.veneziaunica.it/sites/default/files/pictures/trasporti_linee_navigazione_ACTV.jpg

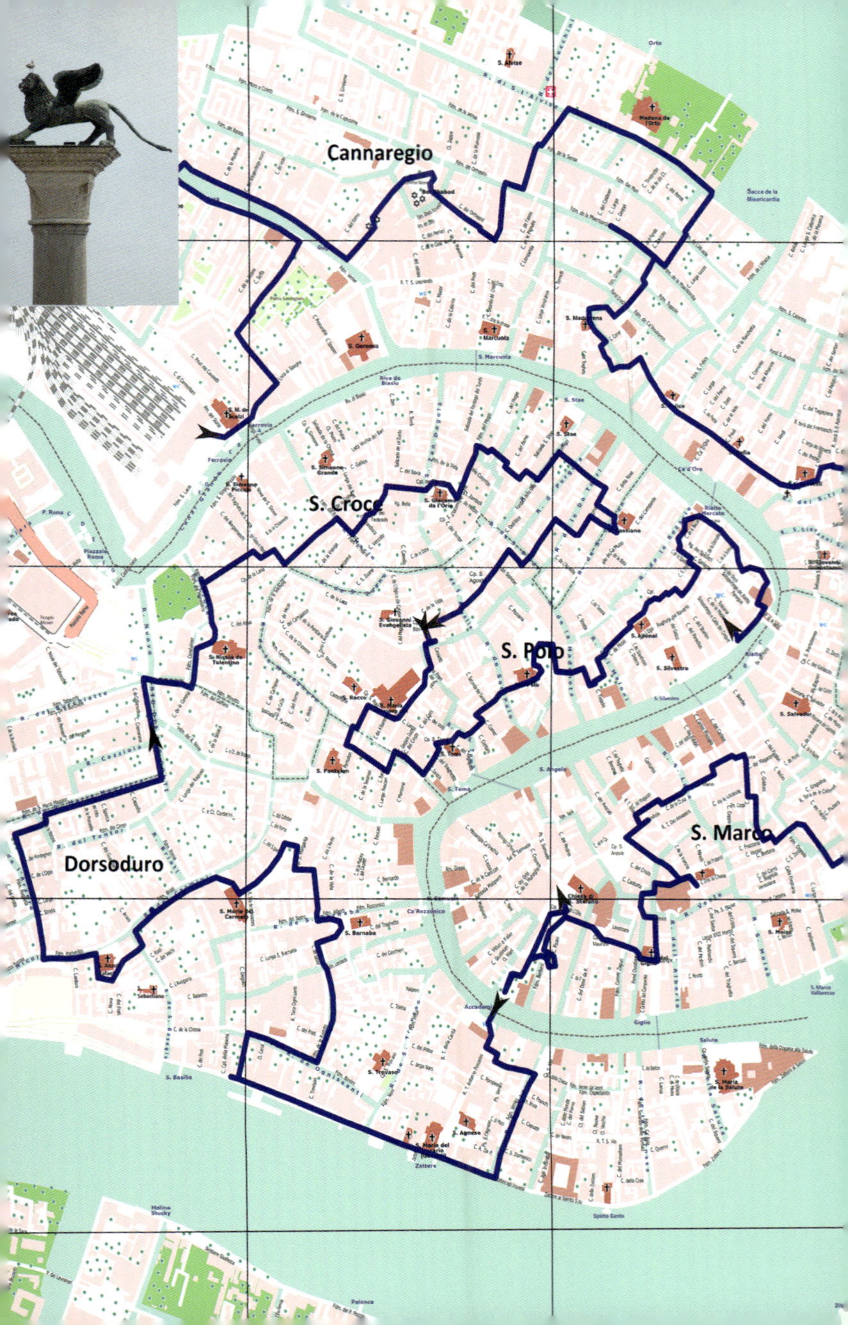
Cannaregio
S. Croce
S. Polo
Dorsoduro
S. Marco

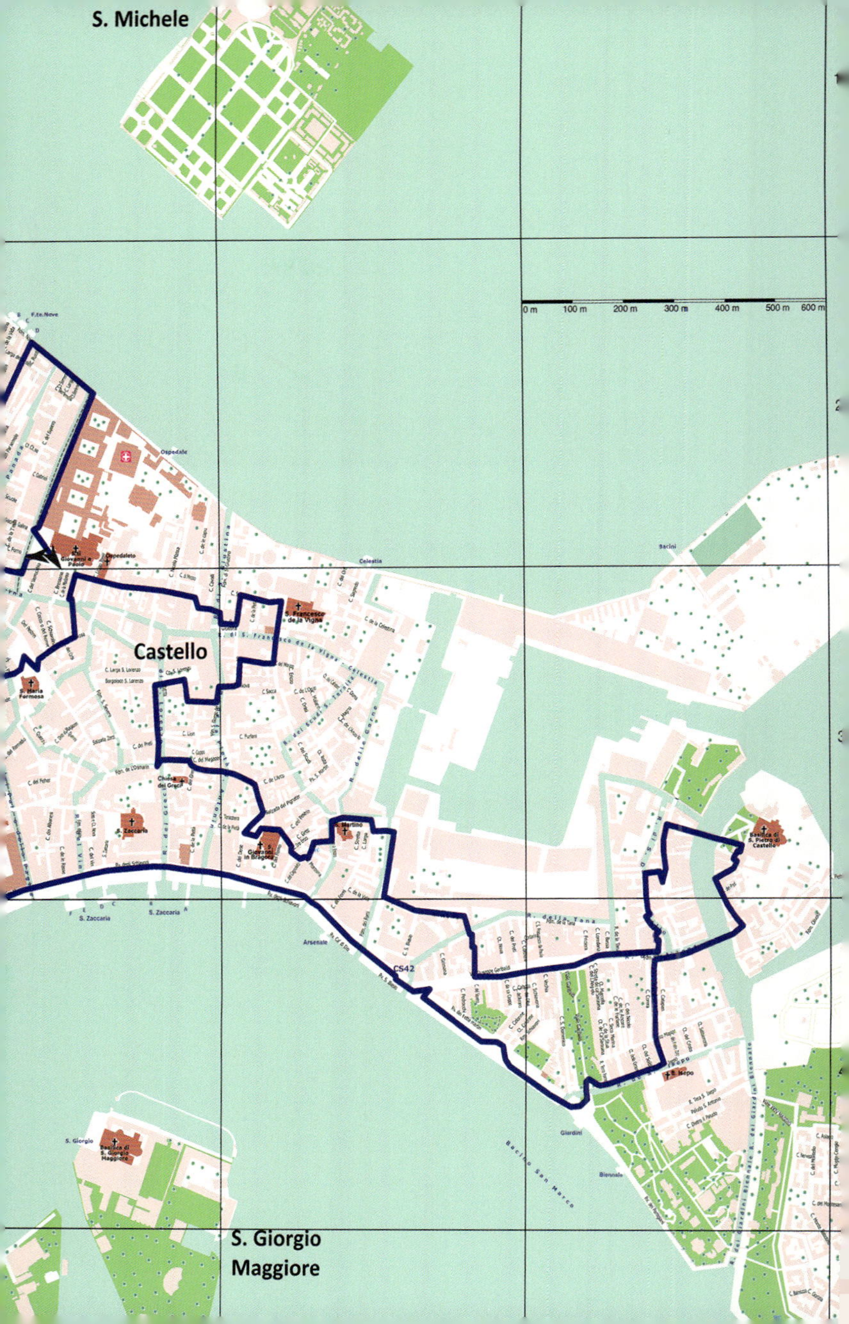

S. Michele
Castello
S. Giorgio Maggiore
0 m
100 m
200 m
300 m
400 m
500 m
600 m
Ospedale
Celestia
Bacini
S. Francesco de la Vigna
S. Maria Formosa
Chiesa dei Greci
S. Zaccaria
S. Giovanni in Bragora
S. Martino
Basilica di S. Pietro di Castello
S. Isepo
Arsenale
CS42
Giardini
Biennale
Bacino San Marco
Basilica di S. Giorgio Maggiore
S. Giorgio

Weitere Produkte für Brunetti-Fans

Für eine intensive Beschäftigung mit Brunettis Venedig eignen sich, neben den Romanen von Donna Leon, besonders die weiteren Bücher der beiden Autoren, Elisabeth Hoffmann und Karl-Ludwig Heinrich:

Auf den Spuren von Commissario Brunetti (ISBN 978-3-86026-200-9). Rund 150 Schauplätze aus Donna Leons beliebten Kriminalromanen werden in diesem Nachschlagewerk ausführlich und reicht bebildert beschrieben.

Hinter den Kulissen von Commissario Brunetti (ISBN 978-3-86026-201-6).
Dieses Kompendium konzentriert sich, sortiert nach den einzelnen Folgen, ebenfalls reich bebildert und ausführlich beschrieben, auf rund 200 Drehorte aus den Roman-Verfilmungen.

Voraussichtlich im Herbst 2016 wird der Ergänzungsband zum vorliegenden Führer mit gastronomisch-kriminellen Touren zu den Laguneninseln erscheinen.

Weitere Informationen und ein Bestellformular finden Sie unter www.brunettistadtplan.de.